LE

PÉLERINAGE D'ARS

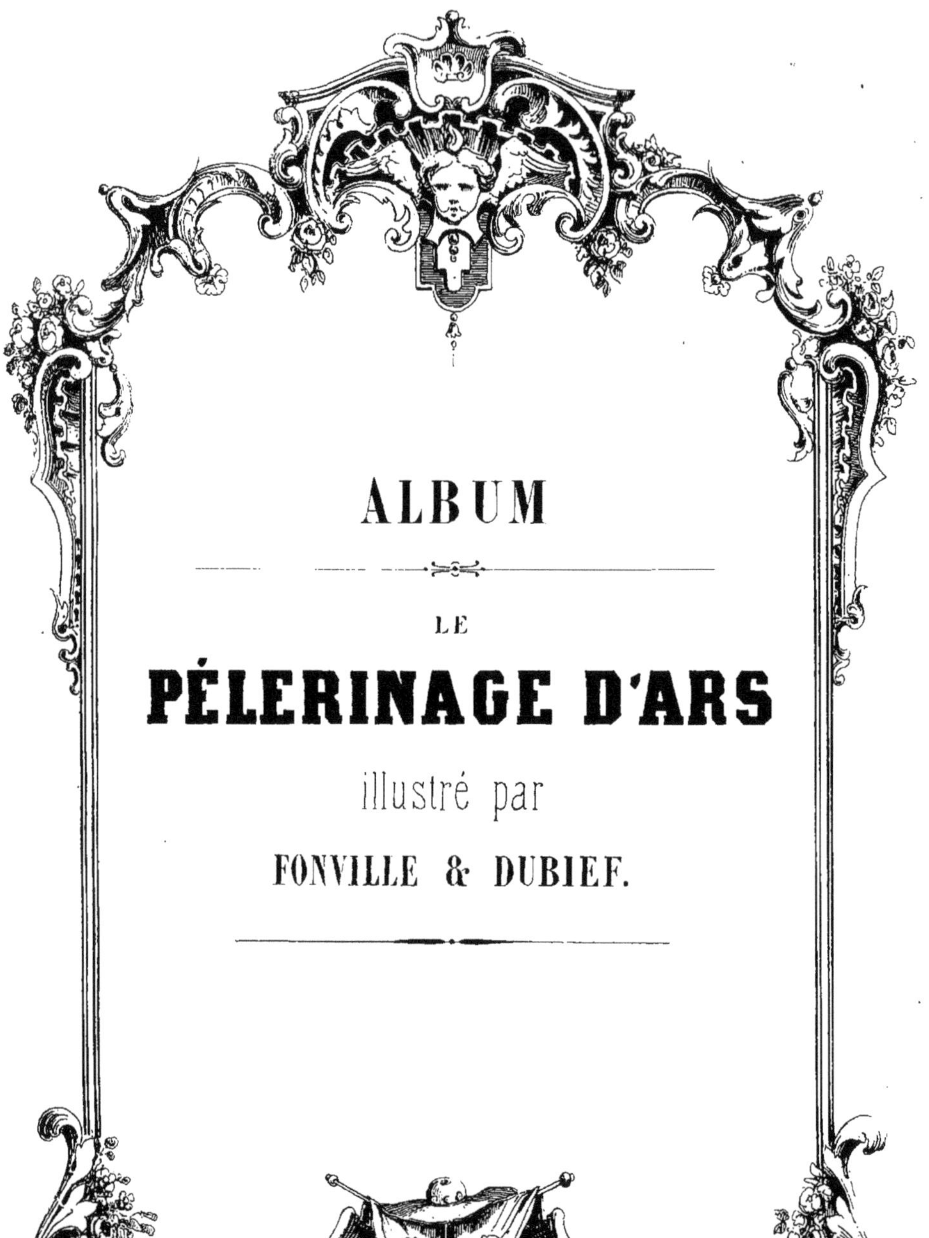

ALBUM

LE

PÉLERINAGE D'ARS

illustré par

FONVILLE & DUBIEF.

ALBUM

LE

PÉLERINAGE D'ARS

ILLUSTRÉ

DE 14 GRAVURES ET 8 CULS-DE-LAMPE

D'APRÈS FONVILLE ET DUBIEF

AVEC UN TEXTE OU L'ON A TACHÉ D'ÉVITER DES DÉTAILS FRIVOLES QUI NUISENT ORDINAIREMENT A L'HISTOIRE DES FAITS DESTINÉS A RESTER CÉLÈBRES, ET DANS LEQUEL ON N'A RIEN HASARDÉ SUR M. LE CURÉ D'ARS QUI NE SOIT CONFORME A LA VÉRITÉ ET AU SENTIMENT DU PUBLIC RELIGIEUX ET ÉCLAIRÉ, AVEC LA DESCRIPTION ET LA REPRODUCTION EXACTE DE L'ÉGLISE D'ARS ET DU CHATEAU, AU XIIe SIÈCLE ET DE NOS JOURS; NOTICE HISTORIQUE ET TOPOGRAPHIQUE SUR LES DIFFÉRENTS BOURGS, ÉGLISES, CHATEAUX, MONASTÈRES ET LIEUX RENOMMÉS QUI ENTOURENT LE VILLAGE D'ARS DANS UN RAYON DE DEUX A TROIS KILOMÈTRES.

OUVRAGE INDISPENSABLE

AUX PERSONNES QUI VEULENT SE GUIDER EFFICACEMENT DANS UNE VISITE A ARS ET SES ENVIRONS.

PAR Ad. C.

LYON

J. BRUNET FILS, IMPRIMEUR-ÉDITEUR

Grande rue Sainte-Catherine, 11

PERISSE FRÈRES, IMPRIMEURS-LIBRAIRES.

LYON	PARIS
ancienne maison	nouvelle maison
GRANDE RUE MERCIÈRE, 33,	RUE SAINT-SULPICE, 98,
ET RUE CENTRALE, 68.	ANGLE DE LA PLACE.

M D CCC LII.

Avant-Propos.

En écrivant cet opuscule sur le pélerinage d'Ars, en constatant, une fois de plus, le concours surprenant de populations qu'il entraîne, nous avons essayé l'esquisse vraie d'un intéressant tableau.

Noús ne nous dissimulions pas pourtant l'extrême difficulté de notre tâche : dès longtemps, de la part des opinions radicalement hostiles, les pélerinages sont l'objet de vives attaques, et, il y a quelques années, ils furent combattus par un Sectaire allemand avec une systématique énergie. Leurs détracteurs les accusent de causer souvent un préjudice moral et toujours un dommage pécuniaire.

Remarquons de suite que le voyage à Ars diffère essentiellement de certaines dévotions mal entendues qu'on retrouve dans les Dombes sous le nom de *Remiages* (1), et qu'il ne saurait

(1) Voir aux Notes, la première.

devenir une source de superstition. En effet, il ne s'agit ici, pour les pélerins, que de prier en compagnie d'un vénérable prêtre devenu célèbre ; la confiance qu'il inspire et sa piété ne peuvent donc que féconder la foi.

Les personnes les plus prévenues rendent justice au voyage d'Ars sur ce point ; mais en même temps, elles ne manquent pas de soutenir qu'il participe aux inconvénients de tous les pélerinages, en déplaçant par centaines des hommes pauvres, qui abandonnent la culture de leurs champs, l'exercice de leur profession, le gouvernement de leur famille, l'éducation de leurs enfants, pour dépenser en frais de voyage ou en offrandes, l'argent amassé à force de sacrifices, et pour trouver souvent chez eux, au retour, la faim ou la maladie, fruits amers de leurs pérégrinations !

Pour nous, il nous semble qu'il y a une exagération marquée dans l'art avec lequel on groupe tous ces griefs. Notre esprit oppose à cet artifice la puissante raison des convictions profondes ; nous pensons que quand on voit des hommes délaisser un instant, et par un mouvement spontané, tous les biens qu'on énumère ainsi, il faut surtout craindre de les troubler dans la conquête de l'avantage qu'ils poursuivent ; car eux seuls connaissent leur but et en apprécient l'étendue et l'importance.

Soit, nous dit-on encore : Nous aimons la liberté et nous la respectons dans autrui ; mais nous voudrions voir les pélerinages allégés des dons qui en sont toujours comme le complément nécessaire.

Précisons l'objection, et parlons de ces offrandes faites à Ars. Elles sont employées ailleurs par des soins intermédiaires. Eh bien ! quelles sont-elles et où vont-elles?

Ce qu'elles sont? Une somme ordinairement minime, destinée à des messes ou à quelques neuvaines. Où elles vont? (quand M. le curé ne peut dire lui-même la prière qu'on lui demande), chez les prêtres pauvres d'un des diocèses pauvres de France, parmi les desservants du triste pays de Dombes, dont nous nous occupons ici.

Il se peut que ces dons montent parfois à la hauteur d'un petit sacrifice; on le prétend, du moins! Mais, mon Dieu! il nous semble, à nous, que ce genre de renoncement découle d'une propension, d'un penchant fort remarquable de l'humanité. La raison ne s'en rend pas ordinairement compte : mais tous les historiens, tous les poètes, en disent plus sur lui que des raisonnements multipliés. Oui, cette tendance de l'humanité, cette inclination au sacrifice est un fait immense ; il est historique et contemporain tout ensemble. Il y a dans l'homme, même à l'état sauvage, un besoin de sacrifier au grand inconnu, et ce qui, dans la religion du Christ, console et consolera l'humanité jusqu'à la fin des siècles, c'est qu'un Dieu lui-même est venu se jeter, pour le combler, dans ce gouffre, dans cet abîme de la pensée des nations, d'où sort sans fin ce cri lamentable : Sacrifice!.... sacrifice!.....

Insisterons-nous, en finissant, sur le préjudice pécuniaire qui résulte spécialement du voyage? En vérité, il faut le dire, nous en sommes peu touchés, car nous nous rappelons, d'après l'Évangile: « Que l'homme ne vit pas seulement de pain, » Et puis, demandons-le aux partisans de la raison d'économie, pensent-ils, quand ils supputent ces dépenses du peuple, à supprimer, — au moins par des vœux, — les mille lieux publics, bals, spectacles et autres entreprises, à l'aide desquelles la spéculation la plus hardie et la plus tolérée, convie ce même peuple à des plaisirs suivis, trop souvent, de toutes les pertes, de tous les préjudices matériels et moraux dont on accuse avec assurance les pèlerinages!

Que parlé-je de préjudices moraux! En résulte-t-il bien sérieusement d'un pèlerinage? Est-ce qu'un tel acte, tendant d'ordinaire à une intercession auprès de Dieu, peut en causer dans les masses? Quand les rois et les princes entreprenaient les voyages d'outre-mer, après avoir chargé la figure de la Croix sur leurs épaules, est-ce que la nation éprouvait un préjudice dans les incréments de sa vie et de sa pensée? était-ce un abaissement moral pour un peuple que de confesser sa foi à la face du monde et d'être prêt à souffrir pour elle? Dans les religions les plus contraires, et de tous les temps, il y a eu et il y aura des pélerinages. Les masses, guidées par une intuition extraordinaire, y cherchent une expiation, ou y essaient une adjuration respectueuse à la Divinité. A ces titres, il faut admirer cet entraînement si l'on ne le partage, et nous sommes de ceux qui l'admirent. Certes, s'il est beau pour un croyant d'assister à la grande fête du *Djebel-Arafat*, (1) où cent mille pélerins musulmans, sous les rayons splendides du soleil d'Arabie, crient à genoux sur la montagne : *Lebbeik Allah !* (2) il serait beau pour nous, nous nous sentirions la force, comme chrétiens, de gravir à deux genoux le mont sacré, où le Dieu qu'adorèrent nos pères, et dans le sein duquel nous espérons mourir, mourut pour tous!

---

(1) Ou *Djebel-el-Rahmoh.* — Montagne de la Miséricorde, près de la Mecque.

(2) *Lebbeik-Allah; Humnas Lebbeik:* Nous voici à tes ordres, ô Dieu!!...

Les Pèlerins.

La nuit a rafraîchi la nature ; les cieux brillent d'un vague azur ; la terre s'éveille. Pourquoi, lorsque tout sourit au matin, est-il des hommes dont la tristesse obscurcit le regard, dont le silence clot les lèvres, dont nul rayon n'éclaircit le front ténébreux. Mon Dieu ! vous qui le savez, versez dans leur sein le secours et la consolation.

Voici de ces hommes sur le chemin : ils marchent, marchent sans cesse, poussés par une voix intérieure, courbés sur un bâton et parfois les pieds nus. Ils vont dans la poussière, par le soleil et la pluie, avec la soif et la faim — pour eux doux sacrifice, — ils se hâtent vers le pèlerinage d'Ars, comme si là les attendait tout ce qui manque aux affligés : les paroles de l'âme qui tempèrent l'amertume des pleurs ; la sympathie qui les allége ; l'amour fraternel qui dissipe les tristesses de la vie.

Regardons-les passer un instant : voici des paysans, de ces hommes qui, exposés chaque jour à toutes les intempéries, labourent la terre, déposent dans son sein, avec la semence, frêle espoir, quelque chose de leur force et de leur vie. D'où viennent-ils? De ce pays nébuleux de la Dombes si bien décrit par trois poètes, que la Bresse a vu naître (1), de cette contrée à la silhouette étrange qu'un maître seul peut essayer de peindre.

Ah! quand vous voyez passer ces figures blafardes, ces hommes tremblants sous la fièvre comme les feuilles du bouleau à la brise des derniers jours d'automne (2), quand vous les voyez allant chercher des consolations à Ars, n'accusez pas leur incurie, plaignez-les d'abord, et puis, si votre voix peut s'élever jusqu'aux puissants, pressez l'assainissement de ce pays ; rappelez sans cesse au pouvoir que la France possède à la porte de la cité lyonnaise 90,000 hectares d'un sol puissant, jadis fertile et qui peut le redevenir encore!

Mais voyons de nouveau passer ces étrangers : ils viennent en grand nombre du Forez, de Rive-de-Gier, de St-Etienne; ils vivent ordinairement à d'immenses profondeurs dans les entrailles de la terre ; ils vieillissent dans un dur labeur. Plusieurs, dans l'bscurité de leur séjour, se sont dit aujourd'hui, les uns aux autres, tout bas : Nous souffrons trop dans le corps et dans l'esprit, voici que le printemps souffle sur la terre son vent doux et tiède, et sa moite baleine, il nous faudra partir pour le lointain hameau d'Ars, où se trouve ce prêtre qui prie et pleure avec les malheureux.

---

(1) Voir aux Notes.

(2) Les fièvres intermittentes, dit le docteur Delorme dans sa *Topographie médicale de l'arrondissement de Trévoux*, commencent ordinairement dans le milieu du mois de juillet; elles sont plus communes pendant le mois d'août jusqu'au milieu de septembre. Le temps où elles deviennent plus dangereuses et plus opiniâtres est celui où la *flouve* odorante est en fleurs et lorsque l'avoine, qui est la dernière récolte, est moissonnée; elles déclinent vers la dernière chute des feuilles et cessent lorsque le froid commence.

Ceux-ci, — et ils sont nombreux, — viennent de Lyon, la cité aux deux fleuves où nuit et jour le travail bourdonne : ils tissent la soie, fabriquent les étoffes diverses ; ils sont en général petits, jaunes, maigres ou légèrement gibbeux, ce sont les ordinaires victimes des luttes de l'industrie : cet inconcevable levier de progrès et de misère aux temps modernes.

Parmi les pauvres qui s'en vont ainsi, le bâton du voyageur à la main, nu-pieds à la prière, il se rencontre parfois de tristes individualités que le sort combla de richesses :

Certains hommes perdus de sensualisme et de raffinement ont touché de bonne heure les limites de la fantaisie, mais un jour la justice universelle opère en ces âmes que rien n'émeut plus ; le dégoût de la vie, la lassitude des sens hébétés, blasés, anihilés, livre ces êtres, sans défense et pleins de terreur, aux caprices de leur imagination et au dérèglement de leur esprit : il serait curieux et affligeant de comparer, dans le hameau dont nous parlons, leur bizarre piété à celle si simple et si réservée des pauvres pèlerins que nous faisions tout-à-l'heure passer dans notre sévère et véridique panorama.

D'autres riches, d'autres privilégiés mais dignes de leur sort, vont aussi vers ce pèlerinage :

Une famille, assez voisine d'Ars, renommée par ses vertus, sa grande fortune, son influence et ses bienfaits, se vit récemment frappée au cœur par une mort aussi cruelle qu'inattendue ; un fils unique, d'un âge viril, d'une santé florissante, d'un avenir aussi intellectuellement assuré que matériellement assis, succomba, comme par un coup de foudre, à une maladie maligne et inexplicable. La plume se refuse à peindre la douleur du père, le désespoir, le délire de la mère idolâtre de son enfant. Que faire, que dire à des affligés qui ne veulent point, qui ne peuvent pas comprendre de consolation ! Les amis les plus dévoués se taisent : — le silence parle haut parfois ! — et la religion seule peut distiller des lénitifs secrets qu'il ne faut pas toujours que le cœur s'avoue. Que faisait donc cette mère désolée ? hélas ! elle errait, poursuivie par une idée fixe. — Mais, tout-à-coup : « J'irai trouver le Curé d'Ars, s'é-« cria-t-elle ! et il priera pour moi, il priera pour mon fils ! ! » — Et aussitôt, dans l'équipage confortable qui distingue sa maison, elle arrive. Elle voit ce pauvre Curé de campagne, si simple qu'il en est presque décourageant ; elle l'aborde, elle touche avec lui le sujet de sa mortelle douleur : — Je crus un instant, racontait-elle depuis, qu'il allait, comme de pieux amis, m'entretenir du bonheur de ceux qui meurent jeunes ; mon cœur, entr'ouvert par mon imagination, se refermait déjà ! quand, tout-à-coup, ce bon Curé me regardant en face, l'œil obscurci et la parole tremblante, me dit, en s'agenouillant : « Madame, ô par grâce ne repartez pas, et prions, pleurons « ensemble ! » Et en effet, il se mit à prier ; moi, pour la première fois, je pus verser des larmes, et les pleurs de ce vieillard firent ce que la raison des sages, l'éloquence de mes amis, les paroles de l'église elle-même n'avaient pu faire !.....

VUE DE TRÉVOUX

PRINCIPAL ITINÉRAIRE

Trévoux. — Ars.

Chapitre premier

Ars est un village du canton de Trévoux, on y compte au plus 60 feux. Situé à mi-côte, non loin d'un petit ruisseau, il se dessine sur la lisière de vastes plaines qui fuient vers le nord, et il regarde au midi les ondulations d'un terrain pierreux terminé brusquement à Trévoux par le magnifique bassin de la Saône.

Il est une remarque qui frappe tout d'abord, c'est qu'Ars est placé particulièrement pour un pèlerinage. Le hasard a posé ce hameau entre la nature la plus riche et le sol le plus pauvre (1); le territoire de Trévoux est fertile, son ciel est pur, son aspect gracieux; mais partez-vous pour Ars? vous

(1) L'étymologie du nom d'Ars vient de *Hary* qui, en Celtique, semble signifier bonne station. (M. Jolibois, curé de Trévoux). — Nota. Plusieurs observations statistiques ou topographiques qu'on rencontre dans cet opuscule, sont dues à cet ecclésiastique distingué.

avancez à peine vers le nord que soudain vous entrez dans de vastes bruyères péniblement cultivées; bientôt vous trouvez Ars et son petit ruisseau glacé ; puis, au de-là, le royaume des étangs qui commence! 20,447 hectares dans les arrondissements de Bourg et de Trévoux sont inondés et forment un des éléments de leur constitution agricole; Ars est pour ainsi dire au seuil de ces tristes contrées; près de là sont situés, au milieu de centaines d'étangs, les pays d'Ambérieux, de Sandrans, de Bouligneux, chers à la fièvre, mais plus chéris encore des chasseurs. Plus loin, c'est un ancien domaine de la maison d'Orléans : Châtillon-les-Dombes, que dévorait la famine en 1573, que la peste exterminait en 1581, que les calvinistes et les ligueurs saccageaient en 1595 et que St-Vincent-de-Paule, son curé en 1617, ne pouvait soulager de tant de misère parce que plus grandes étaient les misères de son sol toujours triste et humide encore de nos jours (1).

On ne saurait rendre la douce émotion qu'éprouve le voyageur lorsqu'il rentre à Trévoux et qu'il y trouve non-seulement le plus riant paysage, mais une température tout-à-fait différente de celle qui sévit à moins d'une lieue vers le nord.

Les pèlerins aiment à s'arrêter dans cette ancienne capitale de la Dombes : « Ville forte, enceinte de murailles, défendue

---

(1) Une des plus tristes preuves de l'insalubrité de ce sol est sans contredit le résultat que constate la statistique suivante :

Dans le canton de Châtillon-les-Dombes qui, sur 16 communes, en a 9 comprises dans les 37 spécialement affectées à la culture des étangs, il y a eu, de 1837 à 1847, 323 jeunes gens appelés dans la répartition du recrutement, sur lesquels ont été réformés : — 37 pour défaut de taille; — 61 pour faible constitution; — 6 pour hernies; — 13 pour mauvais yeux; — 8 pour claudication; — 33 pour varices; — 4 pour gibbosité; — et 121 pour causes diverses. — Total 303 réformés sur 323 *appelés*, c'est-à-dire 90,71 pour cent.

Les varices sont une infirmité qui se manifeste plus particulièrement dans les régions marécageuses. (Valentin-Smith, *Notions statistiques*, page 17. 1851, Lyon, chez Perrin, rue d'Amboise, 6. (Voir la note 3 à la fin de l'ouvrage).

« par des tours, aussi ancienne que les Romains, » dit la chronique. — Trévoux, hélas ! n'a plus de ses merveilles du seizième siècle que le charme mélancolique qui s'attache aux ruines. L'imprimerie qui publia l'ouvrage philosophique de Beyle, ainsi qu'un journal et un dictionnaire restés célèbres, n'existe même plus, et si n'était du peintre Israël Sylvestre qui nous a conservé les vestiges du Trévoux moyen-âge, nous ne nous figurerions jamais l'aspect ravissant de son antique amphithéâtre (1).

Un poète a essayé de peindre l'aspect actuel de cet ancien domaine des Sires de Villars :

Trévoux ! Trévoux reine de Dombe,
Avec ton vieux rempart qui tombe,
Avec ta couronne de tours,
Sais-tu qu'au loin, parmi les villes
Que baigne de ses eaux tranquilles
La Saône aux langoureux détours,
Nulle n'est plus belle et plus blonde,
Nulle ne s'élève de l'onde,
En de plus gracieux contours ?

Quand, par un beau couchant d'automne,
Le pampre qui ceint ta couronne
Jaunit et tombe en voltigeant ;
Qu'aux feux du soir le temple brûle,
Qu'au port on chante et l'on circule,
Que l'eau clapote doucement,

(1) Il y avait autrefois à Trévoux une célèbre imprimerie, plusieurs fabriques d'ouvrages en orfèvrerie, une chambre du Trésor pour la garde des papiers, un Hôtel des Monnaies, qui s'y battaient du temps des sires de Villars, un palais pour le gouverneur et un autre pour la justice. L'argue et le tirage de l'or et de l'argent, après avoir été affinés, datent de l'an 1400. Cette industrie fonctionne encore de nos jours. Elle fut introduite à Trévoux par des Juifs, qui profitèrent de la liberté du pays et y apportèrent ce genre de commerce. (7e *Lettre à ma fille*, Bourg. Bottier.)

Et que le soleil qui recule,
Allonge ce tableau changeant :

Quand l'ombre baisse et que la brume
Lutte, en légers flocons d'écume,
Avec la fumée et le jour;
Qu'aux cieux s'élèvent les étoiles,
Et que les toits, malgré leurs voiles,
Se mirent aux flots d'alentour;

Trévoux!... de la douce Italie
La brise au souffle d'ambroisie,
La pompe du soleil couchant,
L'Anio, Tibur qu'on renomme
La paix des campagnes de Rome :
Tout est sous ton ciel d'occident!

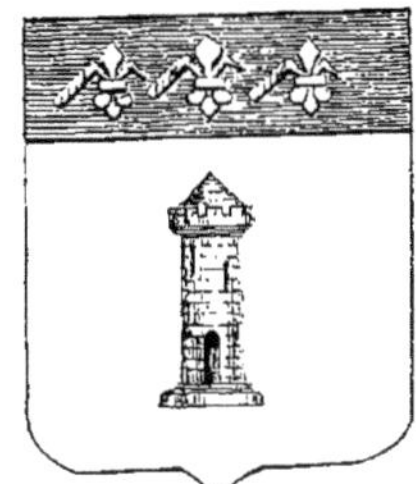

ANCIEN CHATEAU D'ARS.

CHAPITRE DEUXIÈME

§ 1er.

Les pérégrinations à Ars datent de plus de vingt-cinq ans. A l'époque de la Fête-Dieu les populations religieuses des villages et des villes environnantes s'y rendaient pour l'exposition annuelle d'ornements précieux, produits de la piété et de la générosité des anciens Seigneurs d'Ars.

On donne une grande valeur à ces présents, où se font remarquer surtout un dais, un ostensoir et des bannières magnifiques (1).

---

(1) *Visite pastorale du diocèse de Lyon, partie de Dombes, par Camille de Neufville, archevêque de Lyon.*

EXTRAIT

« Ars, 21 septembre 1654.

« A Ars, nous avons visité et trouvé le Saint-Sacrement dans une boeste de « loton, close dans un petit tabernacle de pierre pour le porter aux malades. « Il y a un ciboire de loton et un soleil pour l'exposer.

L'église, sous le vocable de saint Xiste (1), n'a qu'une seule nef et cinq chapelles latérales, dont trois à droite et deux à gauche ; la nef est plafonnée, les chapelles sont voûtées avec nervures et du style gothique ; le clocher et les fenêtres sont de forme ogivale, et le chœur est à plein cintre. Cette église remonte au 13me ou 14me siècle. De l'autre côté de la place est une jolie chapelle construite dernièrement.

Aux splendides processions de la Fête-Dieu, les chapes en drap d'or, l'ostensoir entouré de rubis sortent majestueusement au milieu d'un concours immense. Autrefois, nous le répétons, on exposait à l'admiration des fidèles toutes ces richesses pendant huit jours, et ce fut là le commencement de la célébrité de l'église d'Ars. Aujourd'hui les visites sont continuelles, mais ce concours est procuré par la réputation de sainteté de M. le curé Viannay ; plus de vingt mille pèlerins s'y rendent an-

---

« Nous avons été satisfaits des saintes huiles et fonds baptismaux.

« Il y a deux calices, l'un d'argent et l'autre d'estain, deux chandeliers de « cuivre, deux chazubles de camelot. L'églize est en bon estat.

« Le revenu de la cure est de 3 à 400 livres, assavoir aux tiers des dixmes, et « est de la nomination de Messieurs les comtes de Lyon. Le nombre des com- « muniants est d'environ 80.

« Il y a une terre affectée pour la luminaire, de quatre bicherées. Le cime- « tiere est clos partout, si ce n'est pour le passage à la maison curiale.

« Le curé et habitants sont satisfaits réciproquement, si ce n'est que les « habitants se pleignent de ce qu'il ne fait pas le catéchisme. Il tient ses « registres baptistaires en forme ; mais il tient confusément ceux des mor- « tuaires et mariages. Il se nomme Benoît André, curé depuis dix ans.

« Nous avons ordonné et ordonnons aux habitants de faire faire une barricade « à l'ouverture du cimetiere, pour fermer le passage aux animaux, et au curé « de tenir les registres des baptêmes et mariages et sépultures séparément, et « de faire le catéchisme tous les dimanches après vespres ou devant, et « d'instruire son peuple incessamment. » — (*Arch. du dép. du Rhône. — Fonds de l'Archevêché, n° prov.* 1715.)

(1) Patron de l'église. Saint Xiste, invoqué contre les hémorrhagies *de sang* (*sic*). (*Visite de l'archi-prêtre de Dombes*, 1710, *Ib.*, *Id.*)

nuellement et trois voitures toujours pleines vont et viennent de Lyon à Ars chaque jour.

A l'époque où la dévotion de sainte Philomène se répandit, le bon curé d'Ars l'accueillit avec un empressement pieux. Les pèlerins Lyonnais manifestèrent aussi le désir de voir élever une chapelle à cette Sainte et il arriva tout naturellement qu'elle fut en vénération particulière à Ars.

M^r LE CURÉ D'ARS.

Imp. J. Brunet fils, rue S. Catherine, 11. Lyon. *Dessiné par Dubœuf.*

CHAPITRE TROISIÈME.

§ 1er. M. le curé d'Ars (1). — § 2. Ses Discours. — § 3. Les Miracles. — § 4. La Providence d'Ars.

---

§ 1er. — M. LE CURÉ D'ARS

M. Viannay est un homme de 69 ans, d'une taille moyenne, au corps grêle, d'une maigreur et d'une pâleur excessives, exténué par la maladie et le jeûne: joues caves, pommettes saillantes, œil vif mais profond, au *facies* de ces Saints espagnols, plein de l'expression indéfinissable que savaient seuls donner Zurbaran ou Murillo.

M. le curé d'Ars passe la plus grande partie de son temps dans son église. Ordinairement il en sort à dix ou onze heures du soir pour y rentrer vers les quatre heures du matin. Il ne fait dans la journée qu'un repas et il est certain que ses subs-

---

(1) Nous pourrions ici, pour satisfaire la curiosité de certains lecteurs, analyser un auteur qui a prétendu raconter la vie de M. Viannay à partir de son enfance; mais une protestation que nous trouvons dans un journal de l'Ain, et qui émane de M. Viannay lui-même, nous engage à passer sous silence des faits controuvés ou contestables.

tances alimentaires sont choisies parmi les légumes les plus communs.

Le presbytère où il habite est à côté de l'église, sa chambre est au premier étage ; les murs en sont entièrement nus. Un vieux bahut, quelques tableaux de Saints, des vieux livres de théologie, voilà son mobilier. Il couche sur un grabat dont le chevet est de paille. Il n'a jamais de feu même en hiver. Avant d'avoir été volé, il ne fermait jamais ses portes.

On s'est permis d'apprécier diversement M. le curé d'Ars, au point de vue intellectuel ; nous permettrons-nous ici un jugement? M. Viannay n'est pas, nous le croyons, une de ces intelligences méconnues qui auraient pu briller dans les salons du monde ou dans les amphithéatres de la science, un de ces hommes qui tout-à-coup dégoutés soit de la société et de ses vanités désolantes, soit de la science et de ses profondeurs vertigineuses, se prennent à fuir pour aller se perdre ignorés dans une chartreuse, au fond de la solitude qui parle plus haut que les chaires d'éloquence, dans le sein du travail manuel qui console mieux du monde et de ses travers que les livres des philosophes.

Ce n'est pas un homme sombre et mélancolique qui, les sens dans la langueur et l'inaction, le cerveau obstrué par la vivacité, par la continuité de la méditation, se laisse aller aux extases ascétiques et aux révélations pseudoprophétiques.

Bien moins encore ce digne prêtre est-il sous le charme de l'impassibilité, triste et rare symptôme du fanatisme ; maladie dans laquelle l'âme est réfugiée dans la tête et comme absente de tout le corps, sujet seulement, parfois, à des épilepties toutes célestes !

Non, non ! ni la mélancolie, ni les visions, rien de tous ces tristes symptômes ne se rencontre chez l'homme que nous avons observé et dont nous parlons : une activité dévorante au contraire et qui ne lui laisse presque pas le temps du repos indispensable à la vie, le consume.

Son intelligence et son cœur ont, il est vrai, pris comme un irrévocable parti ; mais ce parti, cette idée, ce sentiment se traduisent chez lui par deux mots : « Dieu et l'amour du prochain ! » Science orgueilleuse, richesses, honneurs humains pour lesquels la foule s'agite, se plaint et tressaille sans cesse ; tout cela n'a jamais effleuré, on le voit, son cœur, ou tourmenté vivement sa pensée ; il ne s'en occupe que pour en faire sentir à ses pénitents, par une éloquence propre à lui seul, le vide cruel et la durée passagère. Dieu qui récompense et soutient l'amour du prochain, qui soulage et console, voilà ce que ce bon prêtre connaît et surtout ce qu'il enseigne avec une admirable efficacité.

Dans ces derniers temps il n'est presque pas d'écrivain célèbre qui n'ait eu la fantaisie de nous peindre un curé de campagne ; pourquoi ces Messieurs ne connaissent-ils pas celui qui nous occupe ? Ils n'auraient pas eu besoin de se montrer grands poëtes comme ils le sont, il leur eût suffi d'être véridiques historiens.

Un ou deux traits montreront, au reste, comment le curé d'Ars entend la persistance et la volonté dans le devoir pour lui-même, la résignation pour autrui : il est notoire, public, parfaitement connu de ses paroissiens qu'il est sujet à des coliques violentes qui le prennent parfois au milieu de ses petits sermons. Eh bien ! dans ces cas-là, il continue, et il est arrivé que tout-à-coup on l'a vu chanceler et pour ainsi dire s'affaisser et disparaître dans la chaire.

Pour autrui comme pour lui, le mal n'est pas de souffrir ou de mourir, c'est de ne pas offrir tout à Dieu et de ne pas le bénir quand il nous appelle à lui. Un médecin était auprès d'une malade à laquelle il faisait une opération douloureuse : « Ah ! « Monsieur le curé, que je souffre, s'écriait la patiente ! — Ma « bonne, ma chère amie, que vous êtes heureuse, offrez, offrez « bien tout à Dieu, disait-il en pleurant ! — C'est la naïveté, la spontanéité de ces mots et leur accent intraduisible qui échappent ; c'est la foi de cet homme, c'est tout son être qui respirent en une parole simple qui va parfois à la plus haute éloquence !

Une femme, mère de six enfants en bas âge, était sur le point de mourir ; les personnes présentes en désespéraient. — « Je suis tranquille, je suis sans inquiétude, disait-il ; » — Et comme quelqu'un lui demandait pourquoi ? — Pourquoi ? mais c'est une femme pieuse et sainte, elle s'est confessée et si Dieu a décidé sa fin, je suis sûr qu'elle ira au ciel ! — Est-ce là de la rigidité ou simplement de l'éloquence au point de vue religieux ? Nous croyons, nous, que c'est le sublime de la foi.

§. 2. — SES DISCOURS.

Parlerons-nous de ses discours et de son art de persuader et toucher?

Le *Journal de l'Ain* du 14 mai 1845, termine ainsi un article qui nous paraît porter sur ce sujet un jugement juste et sans appel....... « Le révérend père Lacordaire — qui assistait aux vêpres — n'a pu résister aux puissantes sollicitations du bon curé, il a paru dans son humble chaire : « Je rougis, a-t-il dit, « de monter dans cette chaire, si dignement occupée par votre « saint Pasteur; je viens ici, comme vous, m'édifier et pren- « dre ses conseils. » — « Il a ensuite parlé de la charité qui unit les cœurs et forme la grande famille chrétienne. A Ars plus qu'ailleurs la fraternité est admirable; des hommes venus de loin n'ont bientôt plus rien d'étranger entr'eux. Ils se voient, ils se parlent, ils s'aiment, ils se séparent *in osculo sancto*, comme de vieux amis; ils se disent au revoir dans l'éternité. »

« Dans ce beau jour pour la paroisse d'Ars, poursuit le journal, son bon curé s'est écrié dans son admirable humilité : « Aujour-

« d'hui les deux extrémités viennent de se toucher : la plus « grande science et la plus profonde ignorance ! » — Mais est-il si ignorant celui qui, au témoignage du révérend père Lacordaire, sait parler avec tant d'onction et de sainteté ! »

Le meilleur moyen de faire apprécier les discours de M. Viannay, est d'en donner une idée par de courtes citations. Ils ont porté des fruits même littéraires à Ars, et un paysan nourri de sentences bibliques nous disait, en parlant de l'affluence et de la diversité des pélerins : « Tout vient à Ars, depuis l'hysope jusqu'au cèdre ; depuis le plus grand jusqu'au plus petit. »

M. Viannay prêchait un jour du mois de Marie ; après avoir jeté dans le cours de sa petite homélie des fleurs et des images charmantes, il résuma ainsi son discours : « Mes très chers Frè-« res, aimez beaucoup Marie ; c'est une bonne Mère qui vous « protégera ; et si vous avez le bonheur d'entrer au Paradis, « elle vous prendra par la main, elle vous conduira près de « son Fils et lui dira : Tiens, mon Fils, voici une âme qui m'a « toujours été dévouée, etc. (Textuel).

Cette simplicité frappe l'imagination des auditeurs de toutes les classes ; c'est de l'art plastique, pour ainsi dire, mais c'est une idée vivante, c'est une idée complète.

Prenons un autre exemple de cette manière, hors des prônes de M. Viannay. Un jour, trois dames de la ville allèrent à Ars pour voir M. le curé. Satisfaites sur ce point, elles ne craignirent pas de lui demander à voir les ornements alors fermés. Il se dérange et les leur montre. Les visiteuses se mettent alors à louer outre mesure leur beauté et leur richesse. « O, Mes-« dames, c'est bien plus joli dans le ciel ! fit le pauvre prêtre « étonné de tant d'exagération. »

Une autre fois, des dames encore examinaient un reliquaire au bas duquel était écrit : *Lignum crucis*. M. Viannay commençait à leur en raconter quelques particularités, lorsqu'un jeune homme de la société interrompant ; « *Lignum crucis* veut dire :

« Bois de la Croix ; ces dames ne savent pas le latin, Monsieur « le curé ! — Oh ! mon ami, il n'y a pas besoin de cela pour « aller au ciel ! » — Les pensées de cet homme sont là, c'est tout lui-même !

§ 3. — LES MIRACLES.

Igitur, quando cumque spiritus malus arripiebat Saul, David tollebat citharam et percutiebat manu sua, et refocillabitur Saul.......

(*Liv. des Rois*, chap. XVI, v. 23.)

Nous voici, sans contredit, à la partie de notre livre la plus délicate : si, en traitant ce sujet, ou dans l'ensemble de cet opuscule, il nous échappait une expression assez malheureuse pour contrister nos lecteurs, une pensée qui semblât heurter, même légèrement l'orthodoxie, nous prions instamment qu'on l'attribue à notre inexpérience et nous la retirons d'avance avec sincérité.

Disons donc toute notre pensée.

Une chose a nui au pélerinage qui nous occupe, dans l'esprit de beaucoup de personnes et, il faut le dire, dans celui du clergé lui-même : c'est le grand bruit de merveilles rapporté d'Ars.

Comment pouvait-il en être autrement ?

Un miracle, on le sait, est la suspension des lois de la nature ; or, il ne saurait venir d'une cause moins puissante que celle qui a établi ces lois ! Donc, Dieu seul peut faire des miracles.

Que si Dieu, dans l'économie de ses desseins, a voulu l'immutabilité des lois de la nature, il faut, pour qu'à un jour donné, elles soient violées, qu'il ait arrêté de toute éternité le prodige pour le moment qui le voit naître : *Opera mutat, consilia non mutat*, dit St-Augustin. Or, que l'on juge d'après cela, si un miracle n'est pas un fait excessivement grave, aussi bien aux yeux d'un chrétien qu'aux regards de la plus sceptique philosophie, et si l'on peut aimer à en entendre proclamer légèrement.

Aussi l'Eglise, en exigeant notre soumission sur les faits bien avérés, nous donne-t-elle par sa propre conduite l'exemple de ne pas admettre sans examen tous ceux qui tiennent du prodige. Nous devons croire, comme elle, que Dieu n'opère pas de miracles sans nécessité et, surtout, sans une utilité fort grande.

La gravité des miracles est telle, que l'Eglise s'est réservé de s'en faire seule juge, et qu'elle défend à ses ministres de parler à ce sujet avant sa parole. En 1845 (si nos souvenirs sont fidèles) le souverain Pontife frappa d'excommunication six prêtres du pays Rhenan, convaincus d'avoir cherché à persuader leurs ouailles de l'exactitude d'un prétendu miracle.

Dans une affaire récente, au reste, l'Eglise de France a montré avec quelle défiance elle accueille certains faits réputés prodigieux. et avec quelle force et quelle dignité elle repousse les entraînements factices qu'ils ont pour but de produire.

Avec de tels principes on voit qu'il nous devient difficile de donner notre avis sur beaucoup d'évènements survenus, dit-on, à Ars; il nous faudrait, pour en raisonner, entrer dans les distinctions de quelques théologiens sur le miracle pris dans un sens populaire, pris dans un sens général, pris dans un sens plus étroit. Or, nous aimons bien mieux retrouver notre rôle de narrateur et raconter les marques d'attachement, les preuves d'enthousiasme et de confiance que le bon curé d'Ars inspire aux foules accourues sur ses pas..... N'est-ce pas véritablement réciter des merveilles!

Pendant que M. le curé était malade, il y a quelques années, il se produisit dans la contrée des actes d'empressement, de douleur, de désespoir même, qui inspirent l'étonnement et l'admiration. Les faits particuliers ne le cèdent point aux faits généraux : M. le curé n'était pas encore alité qu'une dame fort riche vint à Ars sur le bruit de son indisposition et, un jour, pendant que le pauvre prêtre priait, la dame substitua à un chapeau vieux et cassé, un chapeau tout neuf. Elle l'avait caché sous ses pompeux vêtements et prenait littéralement la fuite, quand une petite fille la vit et dénonça, mais trop tard, son pieux larcin.

Pendant cette maladie, il y avait à Ars de véritables gémissements; les routes de Trévoux étaient encombrées de gens venant quérir des nouvelles; chacun s'imaginait qu'il allait mourir et voulait avoir quelque chose du bon curé. Les chaînes, les bagues. les montres qu'on a fait toucher à son lit en cette circonstance ne sauraient se compter. Tout le temps qu'a duré sa maladie, cinquante, soixante personnes se renouvelaient sous ses fenêtres, attendant la bénédiction qu'il donnait de son lit et sans les voir! — Une peinture a représenté ces tristes moments.

Nous pourrions prolonger ces récits, mais nous n'ajouterions rien à leur intérêt et à leur caractère.

Si l'on ne peut scientifiquement révoquer en doute que les remèdes moraux font des prodiges; si les médecins véritablement instruits n'ont jamais refusé d'y croire, peut-on concevoir des esprits mieux disposés à recevoir ces remèdes, et pouvaient-ils opérer sous l'impression d'une foi plus humble et plus passionnée tout ensemble.

On lit dans les annales de médecine qu'une jeune fille perclue de tous ses membres, dans un village près de Bourbonne, recouvra sur-le-champ la santé et le mouvement à une bénédiction du Saint-Sacrement, à la Fête-Dieu, en 1805. Eh bien!

au milieu des foules, du sein des grandes solennités à Ars, des voix se sont aussi élevées tout-à-coup qui ont clamé : Miracle! Une dame bien connue au chef-lieu du département, s'est écriée un jour dans l'église, en repoussant ses soutiens habituels : Dieu a eu pitié de moi! Miracle! Je marche!.... Elle le redit, elle le proclame encore. A Lyon, à Saint-Étienne, en maints endroits de nos contrées, d'autres voix, en grand nombre, récitent d'autres merveilles. Devons-nous contester ces prodiges? Qu'en pense le bon curé lui-même, au reste? hélas! ce que nous rapportons ici pour l'avoir entendu de sa bouche : « Prions « ensemble, disait-il à des malades. Je ne suis pour rien dans « ce qui arrive; prions, et si Dieu nous entend, c'est à sa bonté « que nous le rapporterons! »

— Oh oui! touchez de la harpe, David, et Dieu calmera Saül! Oui, dites de ces mots qui guérissent, comme l'atteste le poète latin :

Sunt verba et voces quibus cum lenire dolorem
Possis, magnam que morbi depellere partem (1). (*H.*)

David calmait les fureurs de Saül; vous, calmez la douleur du pauvre et du souffrant; enflammez-le de pieuses espérances!

Et qui sait? pourquoi Dieu ne choisirait-il pas ce pauvre prêtre pour le canal de ses grâces et de ses soulagements? N'est-il pas au moins consolant de l'espérer? Ne peut-on donc penser cela sans canoniser un vivant? Oh! nous n'avons qu'une crainte, nous, en le disant : c'est de contrister son humilité!

---

(1) Il y a des paroles, il est des accords par le charme desquels tu peux endormir la douleur et presque guérir la maladie.

Imp. J. Brunet fils, rue S. Catherine, 11, Lyon

DAVID ET SAÜL.

Imp. J. Brunet fils, rue S. Catherine, 11, Lyon. Dessiné par Dubief.

LA PROVIDENCE D'ARS.

§ 4. — LA PROVIDENCE D'ARS.

Un homme s'est rencontré, en 1617, qui fut curé à Châtillon, précisément aux environs d'Ars. Cet homme avait nom Vincent-de-Paule. Il eut un jour une idée bien extraordinaire : celle d'organiser une maison d'asile pour ces petits êtres qu'on abandonnait sous les porches des temples, à l'angle des carrefours, par le froid des nuits, moins cruel que le cœur glacé de leurs mères.

Oh! ce fut un grand cri de dérision que celui qui accueillit dans le monde cette singulière idée. L'esprit rétréci d'un certain nombre de dévots maria à ces rires honteux de fougueux anathèmes : Quoi ! la Religion protégerait indirectement le désordre, la licence, le crime de l'abandon ? Cette charité-là était, disait-on, une utopie presque coupable.

Cependant, il se trouva pour la commencer des âmes pieuses qui firent la charité à cette œuvre de saint Vincent-de-Paule. — Qu'est-elle aujourd'hui, dans l'univers ?

Eh bien! (que l'on passe ce rapprochement à la sincérité de mon admiration) voici qu'au XIXe siècle, un pauvre desservant d'une très petite commune du département de l'Ain, qui n'est pas préoccupé des doctrines philosophiques et humanitaires du jour, qui n'a probablement point médité sur tout ce qu'on a justement écrit, dans ces derniers temps, sur le sort de la femme et de la jeune fille du peuple; voici, dis-je, que ce prêtre trouve dans son cœur une grande idée, dans la charité des fidèles un grand secours, et qu'il jette les fondements d'une maison qui ne périra pas plus que n'a péri la première maison de saint Vincent-de-Paule, parce que cette maison, c'est une idée grande, populaire, généreuse et chrétienne, et que ces idées-là poussent sur le sol de la France, germent dans le cœur de nos concitoyens, quelles que soient, d'autre part, leurs diverses convictions. La France, elle, a le droit de se dire à la tête de l'humanité!

Nous disions donc qu'il est venu à la pensée du curé d'Ars cette intéressante question :

« Ne se pourrait-il pas qu'une maison fût ouverte, où l'on « recevrait toutes les jeunes filles qui, à un moment donné, « n'ont pas de pain? »

Voici l'idée ; il n'en faut pas gâter la simplicité.

Certes! quand saint Vincent-de-Paule dit pour la première fois : « Ne serait-il pas possible qu'une maison fût établie, où l'on recevrait les enfants abandonnés? » il y avait quelque chose, il faut en convenir de singulièrement hasardé, pour notre nation rieuse, dans cette idée d'une grande maison nourricière, dans cet aspect d'un vieux prêtre portant un enfant nu sur ses bras!

Mais un asile où l'on recevrait passagèrement toute jeune fille dans le dénuement, cette idée, ce nous semble, est si peu étrange que l'on serait tenté de se dire qu'on y a pensé soi-même! Quel poëte n'a pas traduit avec amertume les souffrances morales et les incertitudes du pain quotidien, qui assiégent trop souvent le sexe dans nos villes? quel sage, à ce sujet, n'a pas au moins rêvé ce que pourrait, ce que devrait tenter une grande nation pour celles qui deviennent un jour les mères du peuple ?

Rechercherons-nous comment cette idée est venue à l'esprit d'un pauvre curé de campagne ? Il semble qu'elle devait naître moins à Ars qu'ailleurs. Toutefois, s'il est permis de sonder les mystères de la charité, l'on trouve qu'elle a dû s'y présenter. Il est évident que sur vingt à trente mille pèlerins qui viennent chaque année à Ars, les deux tiers au moins se composent de femmes. La femme pauvre est la déshéritée de l'ordre social. Les visiteuses d'Ars arrivent ordinairement (nous avons eu occasion de le dire), soit du plateau de la Dombes, soit du pays des grandes exploitations de houille, soit enfin des montagnes pauvres de la Loire. Pour la plupart elles souffrent ou dans leur cœur ou dans les objets de leur affection : C'est un époux qui succombe sous les ennuis et la maladie (1); c'est une nombreuse famille d'enfants qu'on ne peut nourrir ; c'est l'usure; c'est la faim parfois, c'est la misère sous toutes ses formes enfin qui frappe ces malheureuses Que résoudre, mon Dieu ! dans de telles extrémités ? Que peut faire une femme, si ce n'est prier ? car, dans ces pays, il n'y a pas comme à Paris quatre-vingts institutions de charité, pour les femmes, pour les enfants, pour les adultes, pour les vieillards, pour les apprentis, etc. , et l'humanité, hélas ! est la même. Ces pauvres femmes vont donc à leur dernière ressource ; elles vont prier, et l'on peut dire qu'en leurs personnes les quatre-vingts voix de la misère que Paris fait taire ou endort, s'élèvent ensemble à la porte du pauvre curé d'Ars.

---

(1) Les fièvres endémiques, dit le docteur Bottex, atteignent chaque année en Dombes, dans certaines localités, le quart, le tiers et quelquefois même la moitié de la population. (*Des causes de l'insalubrité de la Dombes*, page 2. Lyon, Barret, 1840.)

Or, parmi ces cris, le plus poignant sans doute a été celui qui disait ; « Je veux travailler et je n'ai point de travail ; je suis « jeune et je ne veux pas que l'infâme oiseleur qui me poursuit « m'atteigne dans mon âme ! Au nom de la Vierge Marie, un « asile pour un temps, s'il vous plaît ! »

Que pouvait faire celui qui entendait tout le jour le cri de ces désolées ? Il donna d'abord sa bourse ; il quêta du blé ensuite ; puis il fit bâtir une maison en terre...... Mais, hélas ! vouloir n'est pas pouvoir. — Disons pourtant qu'avoir *essayé* sera, pour ce digne prêtre, un éternel honneur ! — L'arbre portera ses fruits plus tard. Saint Vincent-de-Paule avait-il jamais rêvé dans ses plus beaux rêves son œuvre telle que les prodiges de l'art administratif l'ont faite.

Si depuis quinze ans l'institution d'Ars n'a pas largement grandi, c'est qu'elle est de celles qui dépassent les forces d'un homme et appartiennent à la société tout entière ; mais chose remarquable et digne d'une impartiale admiration, ce n'est pas l'argent qui manque à l'idée : l'argent est venu à l'idée comme celle-ci est venue au cœur.

Vienne donc à son tour une administration savante et autorisée, et M. Viannay, qui succombe aux mille travaux de chaque jour, se sentant dégagé de la responsabilité qui le trouble, soutiendra son œuvre avec courage, et Dieu, sans doute, ne permettra pas qu'il meure avant de l'avoir vue s'épanouir largement au soleil de la Charité !

A l'heure où nous écrivons, M. le curé d'Ars a été obligé de restreindre son projet aux proportions ordinaires d'une Providence, et il a commencé par recevoir dans la sienne des petits enfants orphelins.

La Providence d'Ars est située près de l'église et contient plus de cinquante personnes. Ce sont en général des petites filles ; mais, à côté d'elles, apparaissent des coopératrices consacrées à ces enfants qu'elles ne quittent jamais, et par qui elles sont désignées sous le nom de *mères*.

Ce nom de mère est remarquable, parce qu'ici il représente une idée et non une qualification pieuse ou donnée simplement par l'affection.

Ces coopératrices, à la robe de bure, que les enfants appellent mères, sont la personnification même de la maison. La Providence d'Ars est la mère réelle de ses filles. Une fois placée dans le monde par ses soins, soit en qualité de domestique, soit autrement, l'enfant peut toujours revenir sans hésitation frapper à la maison nourricière ; — la mère est là !

Indépendamment des enfants qu'on reçoit, et pour élever ces enfants même, — touchante idée, bien faite pour épanouir le cœur d'une jeune fille malheureuse ! — la Providence d'Ars a ouvert son sein à celles qui portent ce nom de mère, et dont le malheur, sans doute, n'a pas épargné les jeunes années.

La Providence d'Ars, nous assure-t-on, essaie ainsi doucement de réaliser l'idée primitive et fondamentale qui lui a donné naissance. Elle admet l'étrangère, sous la responsabilité sacrée du prêtre !.... A ce point, nous nous arrêtons, car la charité prend ici un caractère si sérieux et si saint, que nous nous reprocherions de hasarder de plus longs commentaires.

Dessiné par Fonville

PROCESSION DE LA FÊTE-DIEU A ARS.

Procession de la Fête-Dieu.

CHAPITRE QUATRIÈME

§ 1er. — LA FÊTE-DIEU A ARS.

C'était, je m'en souviens, en 1847, par une belle après-dînée du mois de juin. Le soleil se penchait vers un nuage de pourpre et d'or; l'air tiède était chargé de senteurs enivrantes; la lune dormait blanche et presque invisible dans l'éther; les trilles du rossignol éclataient en se répondant du buisson fleuri aux profondeurs des bois.

J'étais sorti de la ville seul; j'étais venu à travers champs, sombre, affaissé, cherchant la solitude; — car le temps est passé où je bondissais sous le soleil du printemps, où je parlais aux fleurs, aux arbres, aux buissons; où je sentais en moi un torrent de sève qui débordait en larmes sans cause, en amour sans fin de la nature entière; le temps où j'étais jeune enfin!

J'allais, relevant mon âme peu à peu dans la solitude, et sans m'en apercevoir je rencontrai la vallée d'Ars. M'étant assis sur un tertre au bord des prairies qui s'étendaient à mes pieds comme un océan de verdure, je pris mon front dans mes mains et je restai plongé dans une rêverie profonde.

Voici que tout-à-coup un bruit d'artillerie de fête éclate avec fracas au nord de la vallée; une triple décharge y répond du midi. A ce signal, la cloche du village entre en branle redoublé, et mes yeux attirés vers Ars, voient de loin une foule considérable qui s'agite autour de l'église, trop petite pour la contenir, et sur les routes voisines des chevaux haletants qui pressent leur course vers la fête; je vois aussi comme des drapeaux qui s'agitent au sommet du château voisin, puis d'autres au clocher du village.

C'était, je le compris enfin, la Fête-Dieu, la solennité depuis vingt ans célèbre dans nos contrées. Je descendis dans la vallée, me dirigeant vers les voix qui vibraient en chœur. Quelle pompe s'offrit à mes yeux surpris! Une procession immense, composée de pélerins de tous pays, s'avançait sous des bannières différentes et gagnait la campagne. Ici, en habit de bure, venaient les pauvres filles de la Providence d'Ars; plus loin, des religieuses, enfants du midi, reconnaissables à leur voix, à l'expression transportée de leur figure brune et ardente. Plus loin encore, des femmes riches et élégantes, puis de jeunes hommes à l'apparence aisée, et puis d'autres dont le crâne dénudé, la démarche brisée, annonçaient une vie laborieuse ou le ravage des passions.

De minute en minute l'artillerie de la place retentissait par un coup solennel, auquel répondait, de l'autre côté de la vallée, une détonnation partie du château.

La procession marche: le dais en drap d'or, l'ostensoir de vermeil, les chapes en brocart reluisent aux rayons échappés des grands arbres; le vieillard, le curé vénéré de ce lieu s'avance portant le Dieu de tous!

Cependant, sur les confins du territoire de la commune et des terres du château, un gracieux reposoir a été dressé. L'encens fume dans ses cassolettes et s'élève en prisme aux rayons du couchant, dans les feuilles d'un vert sombre ; la procession passe en chantant sous ses élégants arceaux. Le dais bientôt s'arrête : deux mille personnes, à genoux sur la terre, courbent le front jusqu'au sol, et le prêtre, d'une main qui tremble, élève lentement l'ostensoir et bénit au nom du Père !....

En cet instant solennel, vous eussiez entendu passer dans la prairie le vol sinueux de l'hirondelle sur les blanches paquerettes ; vous eussiez entendu le chant des rainettes sur les feuilles des nénuphars en fleur ; vous eussiez ouï le long des haies le cri des petits oiseaux se caressant dans leurs nids !

La foule s'est relevée. De nouvelles décharges ont répondu au nouvel *alleluia;* mais le lieu de la scène vient de changer. Nous avons mis les pieds sur le territoire du châtelain, et soudain la cloche, qui fut jadis un beffroi, retentit sous des coups précipités. C'est comme l'incendie de la joie qu'elle sonne ; dix éclats de salpêtre y répondent ; la procession s'avance dans les prés.

Quel aspect moyen-âge ! Un pont doit être traversé ; il est orné de bannières, de flammes aux couleurs ardentes ; le gonfalon de la maison d'Ars jette au zéphir ses fanons triangulaires ; chaque arbre semble porter un bouquet à sa ceinture ; le fenouil et la menthe parfumée des fontaines s'exhalent sous les pas. Enfin, la barrière de fer du château, enlacée de lis naturels, déploie son avenue de sable. Les grains en sont moins nombreux que les feuilles de roses qu'une main pieuse y a répandues. Le pied du vieux donjon s'est décoré de tapisseries antiques. La procession, au milieu d'une haie de citronniers, se répand dans le parc ; elle revient en serpentant sur elle-même et s'arrête à la chapelle du château.

Elle est petite, isolée, antique, cette chapelle ; les murs en sont recouverts d'une vigne sauvage. A l'intérieur, elle est riche et décorée ; une double haie de prie-Dieu, pour les membres de la famille d'Ars, s'avance de la porte à l'autel ; sur chacun d'eux, l'on avait placé avec un grand art de perspective de beaux vases de la Chine, remplis de plantes et de tous les trésors de la corbeille de Mai.

L'autel ressemblait à un parterre émaillé ; il fleurissait comme à vue d'œil sous le reflet des dorures et le feu des lumières. Des boutons de roses, enlacés en spirale, y formaient dix cierges symboliques, et une langue de feu, semblable à l'âme de ces fleurs, scintillant dans chacune des plus hautes corolles, s'élançait, en perçant des flots de parfums, vers la voûte et le ciel !

La peinture a tapissé cette antique chapelle de ses chef-d'œuvre précieux : de toutes les parois, des têtes sublimes semblaient, hôtes de ces lieux, sourire à la fête et à la foule.

Tout-à-coup, de derrière l'autel, un son semblable à une harpe céleste, tinte en accords joyeux ; un cantique s'élève sur la douce haleine d'une voix savante et pure ; puis, comme d'un écho souterrain, comme des profondeurs du caveau où dorment depuis des siècles, dans cette chapelle, les anciens seigneurs du château, un refrain puissant, sonore, parti de poitrines robustes et de voix habiles, s'élance en un *crescendo* formidable. Il expire bientôt au tintement léger d'une clochette argentine, et M. le curé d'Ars, de sa voix tremblante, bénit au loin son troupeau ! A peine ont résonné les dernières paroles du prêtre, qu'un hosanna soudain vient encore ébranler la chapelle ; il court, avec la rapidité du feu électrique, le long de cette procession agenouillée autour du parc, et se mêlant à un éclat général de l'artillerie pacifique, il roule d'écho en écho jusqu'aux profondeurs de la vallée.

CHAPITRE CINQUIÈME

§ 1er. — PROMENADE DES PÈLERINS. — NOTIONS HISTORIQUES ET TOPOGRAPHIQUES.

Quand l'heure des dévotions est passée et que la lassitude des premiers jours s'est affaiblie, les pieux visiteurs d'Ars aiment à revenir sur leurs pas lentement et à voir le pays en détail.

Quoique le village d'Ars soit très voisin de Trévoux, son chef-lieu de canton, cependant à deux pas du village commencent les terres du canton de Saint-Trivier. Nous regrettons de ne pouvoir, faute d'espace, donner ici de suffisantes notions historiques et topographiques sur chacune de ces deux circonscriptions. Nous nous contenterons, en ce qui concerne l'arrondissement de Trévoux, de noter que trente-sept de ses communes sur soixante-quatorze, sont principalement affectées à la culture des étangs, et que le canton de Trévoux, lui seul, présente cette particularité remarquable, qu'il est composé des échancrures de trois provinces différentes : les Dombes, le Franc-Lyonnais et la Bresse. (1)

---

(1) Dans le canton de Trévoux, le territoire où sont situés les villages d'Ars, de Sainte-Euphémie, de Misérieux et de Toussieux, dont nous allons parler, est peuplé et fort cultivé. Il ne faudrait pas juger par lui de tout le pays : il y a des communes peu éloignées où l'on compte plus de quatre hectares cultivables par individu. Que l'on juge si les bras manquent dans ce pays. En France, on compte un hectare et demi pour un individu, et dans les communes riches quatre-vingt-sept ares. L'hectare doit rendre *brut*, en moyenne 89 f. 44. Dans le canton de Trévoux, l'hectare rend 47 f. 80 ; — à Châtillon, 23 f. 75 ; — à Chalamont, 18 f. 79 ; et où il n'y a pas de chemins, 8 ou 10 f. en moyenne. (M. Valentin-Smith. Détaché des pages 26, 27 et 28 des *Notions statistiques*).

Imp. J. Brunet fils, rue S. Catherine, 11, Lyon. Dessiné par Dubief.

CHATEAU D'ARS.

§ 2. LE CHATEAU D'ARS.

Le début des Pèlerins dans leur promenade autour d'Ars est tout naturellement pour le château de ce nom, dont nous venons de parler tout-à-l'heure. Il est situé au sud-ouest, et séparé du village par un vallon. Il remonte à l'an 1100. C'était un château féodal, flanqué d'une grosse tour et entouré de fossés, pont-levis, remparts et créneaux ; ils ont disparu dans les réparations modernes, qui ont donné au château un nouvel aspect. La maison d'Ars a possédé la terre de ce nom depuis 1250. Après de nombreuses mutations, elle est revenue à une branche de la famille Des Garêts, qui la possède aujourd'hui. Le château d'Ars, en 1767, passait pour bien bâti. Le seigneur avait autrefois justice haute, moyenne et basse.

En Dombes, vers 1820, l'on chantait dans les châteaux et dans les chaumières une ballade à deux interlocuteurs: la mère et l'enfant. Elle résumait assez bien le récit des gens du pays

« Un démon, hideux de structure,
En ricanant entr'ouvre, devant moi,
Un coffre à l'antique sculpture,
Dieu! qu'aperçois-je et quel est mon effroi?
Je vois dedans
Des crapauds, des serpents
Se tordant en fureur! »
— Mère, contez, contez, mais j'ai grand'peur!

« Le chef de la troupe enfumée,
D'un coup de poing me poussant en avant,
Avec l'odieuse couvée,
Prétendait, lors, m'engloutir tout vivant :
Quand mon bourdon,
Grâce à mon saint patron,
Renversa l'agresseur! »
— Mère, contez, contez, mais j'ai bien peur!

Ainsi parlait le solitaire,
Au temps jadis; et l'on n'approchait plus!
Mais, de nos jours, l'huis du fort séculaire
Clôt le secret d'attrayantes vertus :
Pour son soutien,
Chaque pauvre sait bien
Qu'il s'ouvre avec bonheur!
— Mère, contez, contez, je n'ai plus peur!

§ 3. — Sainte-Euphémie

Poursuivant leur route au sud-ouest, les promeneurs trouvent le village de Sainte-Euphémie (quatre-vingt-douze maisons, cent dix-huit habitants) ; au pied d'une colline, dans un vallon orné de peupliers et de beaux arbres pleins d'une belle végétation.

L'église qui était un prieuré dépendant de l'Ile-Barbe, n'a qu'une nef et une chapelle latérale à gauche, voûtée avec nervures et de style gothique. Le chœur, qui est la partie la plus ancienne de l'église est du style de transition entre le bysantin et l'ogival.

En 1102, Sainte-Euphémie s'appelait Juvinieux, *Juviniacum*, maison de Juvinien. Elle prit le nom de Sainte-Euphémie vers le temps de la seconde croisade où y furent déposées momentanément les reliques de saint Georges et de sainte Euphémie, martyre à Constantinople.

§ 5. — TOUSSIEUX (COMMUNE DE REYRIEUX).

A côté de Mizérieux se rencontre Toussieux, *Toxiacum*, maison de Toxius (deux cent cinquante habitants) ; on y voit une petite église fort ancienne, dédiée à saint Bonnet, évêque. Ce village est situé dans un joli vallon arrosé par le Morbier. (1)

(1) Les renseignements topographiques aux paragraphes 2, 3, 4 et 5 du chapitre V, sont extraits de différents articles publiés par M. Jolibois, curé de Trévoux, pendant le cours de l'année 1851, dans le journal de la localité.

VUE D'AMBÉRIEUX EN DOMBES.

§ 6. — AMBÉRIEUX EN DOMBES.

Pour borner dans une limite convenable leur promenade, les pèlerins ne la poussent pas, à l'est, au-delà d'Ambérieux. Lorsqu'ils se dirigent de ce côté, bientôt leur apparaissent à l'horizon une tour crénelée et des remparts qui, dans la vapeur des jours caniculaires, ont un singulier aspect d'antiquité moyen-âge et de poétiques débris ; ce sont les restes d'une des plus anciennes villes de de la Dombes, d'Ambérieux qui, de même que Savigneux, dont nous parlerons tout-à-l'heure, fut donnée par Hugues et Lothaire, rois d'Italie et d'Arles (d'après une charte datée de Pavie), à un sieur Odo, abbé de Cluny, en 933, pour le salut de leurs âmes ; mais diverses révolutions d'Arles et de Bourgogne en avaient dépouillé les moines de Cluny, quand un nommé Otho, comte de Dijon, leur rendit Ambérieux une seconde fois, pour le salut des âmes de son père et de sa mère, par charte datée du règne de Rodolphe, roi de Bourgogne.

En 1470, Ambérieux valait 2000 florins et 300 livres. A ce

prix, cette ville paya une dette de Jean second de Bourbon. En 1597, elle avait été revendue deux fois. Cette ville avait des franchises confirmées à plusieurs reprises et notamment en 1452.

Ambérieux était renommé par ses foires de chevaux dès 1767, et les chevaux de selle de la Bresse jouissaient autrefois d'une si grande réputation que Philippe de Comines rapporte que le cheval monté par le roi Charles VIII à la bataille de Fornoue, était de Bresse, « *le plus beau cheval qu'il eût vu de son temps.* » Il était noir et s'appelait *Savoye*. François Ier et Henri IV estimaient les coursiers bressans et en possédaient dans leurs écuries. Ambérieux est encore célèbre aujourd'hui par ses foires de chevaux, qui ont lieu quatre fois par an.

MM. Ménestrier et Jolibois n'hésitent pas à penser que les lois bourguignonnes ont été faites par Gondebault, à notre Ambérieux en Dombes (1). Ces mêmes lois, dix-huit ans après, furent publiées à Lyon une seconde fois par les ordres de Sigismond, fils du roi Gondebault.

Après la révolte du connétable de Bourbon, souverain de Dombes, François Ier s'empara de cette principauté, M. de Lapalisse (Chabannes), alors gouverneur de Lyon, fut chargé d'aller faire prêter serment aux seigneurs de la Dombes, dans la ville de Trévoux ; mais comme la peste y régnait, il se transporta à Ambérieux, où il reçut pour le roi le serment de fidélité (2).

---

(1) Data Ambariaco.

(2) V.-S.

§ 7. — VILLENEUVE.

Nous terminerons par ce village le périmètre d'Ars que nous avons commencé à Sainte-Euphémie ; mais nous nous réservons de décrire tout-à-l'heure, en resserrant ce cercle de plus en plus, des lieux intéressants qui touchent pour ainsi dire Ars lui-même, et qui nous offriront plus d'intérêt.

Villeneuve, situé sur la route de Trévoux à Bourg est fort près d'Ars ; il est gracieux et riche, — mille habitants.

La terre de Villeneuve était autrefois une des douze chatellenies de la souveraineté de Dombes.

Le roi François Ier, après la disgrâce du connétable de Bourbon, avait mis la Dombes sous sa main. Quand il fut question de la vente du domaine, sous Henri II, les commissaires de ce prince vendirent Villeneuve, au mois de décembre 1543, à Jean de Clèberg, seigneur de Chavagneux, surnommé le *Bon-Allemand,* et aujourd'hui, à Lyon, *l'Homme-de-la-Roche.*

L'église est moderne et n'a rien de remarquable.

Armes de Jean Kléberger

§ 8. — LA CROIX DES COMBES.

En rentrant de Villeneuve à Ars, nous rencontrons sur notre route, et comme pour nous indiquer Ars, au pied du coteau qui l'abrite du nord, deux grands peupliers au milieu desquels s'élève, sur un tertre, la croix.

Nous avons vu souvent des pèlerins qui arrivaient pour la première fois dans le pays, reconnaître de fort loin cette croix et les deux arbres dont nous parlons, tant ils avaient été bien renseignés par leurs devanciers.

BOIS DE LA PAPESSE.

CHAPITRE SIXIÈME.

§ 1er. — PETITE PROMENADE. — BOIS DE LA PAPESSE.

Arrêtons ici notre itinéraire pour faire une observation. Nous venons de parcourir un cercle qui franchit les extrêmes limites de la commune et de rentrer à Ars par la Croix-des-Combes, après en être sortis par le côté du château.

Entre ces deux points, et de l'est à l'ouest, coule un ruisseau qui coupe en ligne droite notre vaste périmètre. Ce petit torrent, d'après les anciens du pays, se nommerait le *Trêve-d'Ars*. C'est sur ses bords que les pèlerins aiment à descendre ; venus souvent de fort loin et à pied, pressés par le temps et leurs faibles ressources, beaucoup d'entre eux, cependant, ne se décident à repartir qu'après avoir fait ce que nous appellerons ici la petite promenade, c'est-à-dire, — en remontant le Trêve, — visité les lieux que nous allons décrire.

Rien n'est plus gracieux, en été, que le ruisseau d'Ars, que ce filet d'eau sinueux et glacé qu'ombragent de grands aulnes et des saules vigoureux. Si vous le suivez un instant, vers l'est, vous arrivez bientôt au bois de la Papesse, lieu fréquenté et bien digne de l'être, à cause des percées qui en rendent la promenade facile, de la rivière qui en baigne les bords, et de la solitude tout-à-fait propre au recueillement qu'on y trouve. Toutefois, il est des heures où l'isolement n'y est pas assuré, car beaucoup de visiteurs portant leurs pas de ce côté, il n'est pas rare de rencontrer, dans les petits sentiers de ce bois, des pèlerins qui chantent des cantiques ; dans les clairières de pieux architectes édifiant des autels surmontés de croix en noisetier blanchi; sur ses pelouses, sous ses ombrages, des groupes de femmes et d'enfants qui se reposent ou qui prient.

Le nom de ce lieu n'a pu nous être expliqué ; il se perd dans la nuit des temps. On ne saurait se défendre de quelque étonnement en rencontrant précisément à côté d'un village qui prend une certaine célébrité religieuse, ce vieux reste de forêt qui porte ce singulier nom : Bois de la Papesse !

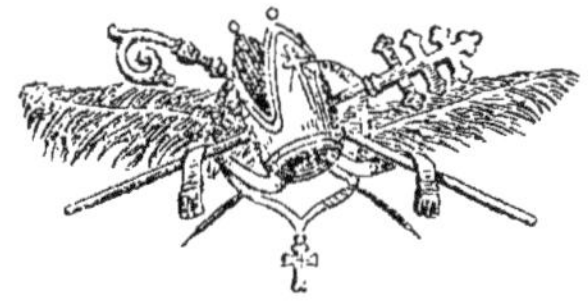

Lith. J. Bonnet fils, rue S. Catherine, 11, Lyon. Dessiné par Dubœuf

MAISON DE LA ROSE

§ 2. — MAISON DE LA ROSE.

En quittant le bois de la Papesse et en tournant un peu vers le sud, on aperçoit la trace d'un ruisseau sur lequel est jeté un petit pont en pierre qui surprend par sa forme élégante dans une contrée qui commence à devenir triste et presque sauvage; cet arceau gracieux franchit la poétique rivière de la Rose! Quel joli nom pour une ravine qu'abreuve à peine en été l'eau bourbeuse de quelque étang! — Ce pont nous conduit à une jolie maison basse, avec fronton, péristyle, ombrages, clôture, barrière, tout ce qui indique un cottage élégant, presque une villa spacieuse; c'est la maison de la Rose! Sur un fond gracieux d'arbres verts, le bâtiment, d'une légère teinte jaune clair, repose et attire agréablement la vue; vous vous dites, intérieurement, que l'homme qui est venu poser là sa maison des champs avait le goût de la solitude joint à la connaissance d'un sage confortable. Vous vous avancez dans la direction du petit parc et vous vous attendez à voir s'élancer à la barrière de beaux chiens de chasse, ou quelque sévère dogue anglais : rien ! Vous vous hasardez dans l'enclos : silence ! Vous venez près de la maison même, sous les pins du boulingrin : silence toujours ! Alors, inquiet, vous fixez cette demeure et vous voyez derrière les carreaux, dans chaque salle, des plafonds lézardés et pendants, des briquetages penchés vers leur ruine ; les moineaux sortent avec bruit des moulures et des toits ; les hirondelles ont niché sous les voûtes du salon, et la pluie a maculé sans ressource les parquets et les tentures ! Vous avez cru à une maison de maître, et il n'y a plus, ici, que l'annexe inutile et coûteuse, l'entrepôt de foins et de denrées d'un gros domaine assis à quelques pas de là dans la boue. Cette pauvre petite villa était venue s'enclaver, on ne sait trop pourquoi, au milieu de fermes immenses ; elles l'ont étouffée, et le propriétaire actuel, le plus riche de la contrée, oublie dans son vieux château le château de carte où vécurent gaîment, il y a vingt ans, des gens d'esprit, un couple amoureux et charmant, une société choisie et une nièce de lord Byron.

Imp. J. Bonnet fils, rue S. Catherine, 11, Lyon

Dessiné par Dubuis.

ABBAYE DE MONTBERTHOUD

§ 3. — LE PRIEURÉ DE MONTBERTOUD.

A peine sortez-vous de la maison de la Rose, de ce lieu désolé, que vos regards rencontrent une vieille maison à peine relevée de ses ruines. Vous vous étonnez de la série de ses croisées et de l'uniformité de leurs croisillons. Sans parler à l'imagination, elle pique la curiosité dans ce pays isolé. Ce n'est pas sans motif, au reste, car vous avez devant vous les ruines du prieuré de Montbertoud, de la maison ecclésiastique la plus ancienne de la souveraineté de Dombes. Elle appartenait à l'ordre de St-Benoît et dépendait du monastère de Cluny. La fondation en est ignorée. Le 5 des ides de septembre de l'an 1097, sous le règne du roi Philippe, cette maison, alors nommée de Saint-Pierre, reçut son premier doyen de Cluny.

Un certain seigneur de Montmerle, nommé Achard, qui avait fait des dons de maisons, de villages, de terres, de moulins, à ce monastère, se décida à partir pour Jérusalem; le doyen de Montbertoud lui donna alors, par reconnaissance, « deux mille sous, trois mules et un mulet, » dit une vieille charte. — En 1211, ces biens passèrent à un nommé Raymond, archidiacre de Lyon. — En 1314, le doyen de Montbertoud fut maintenu en la justice basse, sur les hommes et fiefs; la moyenne et haute justice appartenait au seigneur de Chalamont.—En l'année 1194, Montbertoud portait le titre de prieuré; en 1767 il n'avait plus que le titre de Doyenné (1).

Quand on songe que ce lieu, si inconnu de nos jours, a été célèbre, riche et cultivé au Moyen-Age; quand on se promène, solitaire, sur ces guérêts qu'ont foulés pendant de longs siècles des Religieux savants, puissants et nombreux, on se prend à songer à ces immenses retraites qui ne sont plus, à se demander si nous avons des idées bien exactes de la sagesse des hommes et des choses de ces vieux temps; on se dit involontairement enfin, qu'il serait peut-être heureux, au milieu des mouvements incessants de notre société, de rencontrer fréquemment de ces retraites, où les âmes blessées venaient se guérir par les travaux du cloître, par les œuvres de la charité, par l'étude des rapports de l'homme avec la nature, par la pratique de nos devoirs envers Dieu!

(1) Les armes des abbés de Cluny sont deux clefs enlacées par les anneaux; Montbertoud dépendait de Cluny.

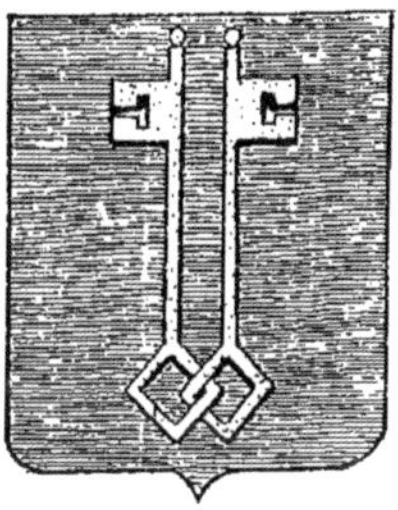

Armes des Abbés de Cluny.

§ 4. — SAVIGNEUX.

Des ruines du monastère de Montbertoud vous apercevez devant vous, au nord, le blanc clocher de Savigneux, avec sa flèche élancée. Le point le plus remarquable de l'histoire de ce village, c'est qu'il fut autrefois donné comme dépendance du royaume d'Arles, par Hugues et Lothaire, aux abbés de Cluny.

M. de Bonrepos possède à Savigneux un petit château qui n'a rien que de modeste ; mais la terre qui l'entoure et en dépend est considérable.

Imp. J. Brunet fils, rue S. Catherine, 11, Lyon

Dessiné par Dubief.

CHATEAU DE JUIS.

§ 5. — JUIS.

Vous aviez, en sortant de Montbertoud, Savigneux au nord; mais au midi vous pouviez découvrir une des plus vieilles chartres, un des plus repoussants repaires du XIIIe siècle. Voyez de loin se dessiner ce dé de briques surmonté de créneaux en forme de longues dents; à l'angle nord-ouest de ces quatre murs, comme en équilbre, voyez cette espèce de petite ruche d'abeilles suspendue dans les airs! ce fut l'observatoire guerrier du seigneur de Juis. Rien n'est plus triste que ces quatre pans de briques sans jour, que cette petite tour de l'ouest où siégeait la sentinelle. On conçoit difficilement qu'avec l'enceinte de murailles épaisses qui formaient l'enclos de cette prison; qu'avec le pont-levis qui y conduisait, la grande et massive porte qui enfermait le tout, il ait été possible à l'ancien art de la guerre de prendre les gens retranchés là-dedans autrement que par la famine.

Nous ne décrirons pas l'intérieur de cette antique forteresse;

qu'en dirions-nous? Une petite cour sans air, un escalier tortueux, des appartements bas et sombres, une chapelle étroite et misérable! Cependant on a voulu dernièrement rendre ce lieu habitable, et l'on a percé des croisées dans ces remparts rouges, l'on a placé des tuyaux de cheminée sur la plate-forme hérissée de créneaux; l'on reconstruit les murs de l'enceinte: c'est une tâche ingrate pour le propriétaire, qui est pourtant homme de goût; il ne peut que gâter la magnifique laideur de cet édifice.

La famille de Juis était des plus anciennes et des plus illustres du pays de Dombes; elle a fait bâtir ce château qui dépendait de la châtellenie d'Ambérieux. Guillaume, seigneur de Juis, chevalier qui le possédait comme simple fief, eut la haute justice sur les hommes qui en dépendaient, avec la mutilation des membres, à la réserve, toutefois, du dernier supplice, par concession de Louis, sire de Beaujeu, seigneur de Dombes, en date du mois de mai 1276, époque de la fondation du château.

Cette terre, après avoir subi plusieurs mutations, a appartenu à Jean, duc de Bourbon, qui en 1465 en passa vente à Jean, fils aîné du roi de Jérusalem et de Sicile, duc de Calabre et de Lorraine, pour huit mille écus d'or, avec réserve de foi et hommage. Vers 1541, elle passa à de Balzac, baron d'Entrague. En 1660, elle fut à un nommé Nicolas Deschamps, maître des requêtes de Savoie.

L'église paroissiale était au château. Il appartient aujourd'hui à M. le baron de Mailhet.

Juis a été le prétexte et le théâtre d'attaques et de petits combats entre la Dombes et la Savoie au XVe siècle.

En 1487, le seigneur de l'Aubépin, tant en son nom qu'en celui d'Antoinette Groslée, sa femme, fit hommage à Amédée, prince de Piémont, pour le château de Juis, et refusa ce même hommage à Jean II de Bourbon, souverain de Dombes. Alors celui-ci s'empara par la force du château le 28 mai 1458, pour cause de félonie.

Comme la place de Juis était fortifiée et considérée comme grande et belle, ainsi que s'exprime Aubret, le roi de France, Charles VII, conçut le projet de s'en emparer, sous le prétexte qu'elle était du fief de l'église de Lyon. Cependant ce fut lui qui fit faire une trêve entre le prince de Dombes et le prince de Piémont.

Quelle différence d'impression l'on éprouve à l'aspect des ruines de Juis et des ruines de la Rose, toutes deux si voisines. Ces dernières sont pour nous comme le tombeau d'un homme de notre âge, d'un ami ; les premières, comme le cénotaphe d'un ancien héros! Ami ou héros, maison de plaisance ou forteresse, tout passe ; le temps les broie sous son pas éternel!.....

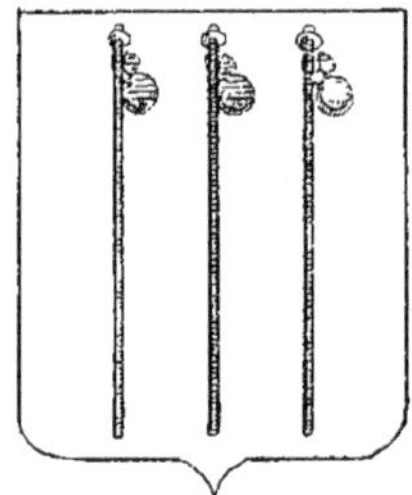

Armes de Juis.

§ 6. — VOYAGE A VOL D'OISEAU.

Les pèlerins avant de terminer leur promenade et de quitter le château de Juis pour rentrer à Ars, obtiennent facilement la permission de stationner un instant sur la plate-forme de l'édifice. De là (mais mieux encore du haut des tours d'Ambérieux), leur œil peut plonger au loin et parcourir la contrée. Parmi les choses qui attirent l'attention, nous signalerons ici des mamelons d'une hauteur considérable, en terre rapportée; on les nomme des Poypes. Ce sont des tombelles qui remontent à l'époque druidique, pensent quelques érudits; ce furent des moyens d'observation ou de défense sur certains territoires, disent plusieurs autres savants. Au nombre de ces derniers est M. Jolibois, curé de Trévoux, qui a proposé, dans un écrit remontant à quelques années, pour étymologie du mot Poype « ou Poëppe : « *Poy* ou *Puy*, mot celtique qui veut dire mon-« tagne; et *Eppe*, diminutif dans la même langue; mots qui, « réunis, voudraient dire petite montagne. »

Après avoir discuté les opinions contraires à la sienne, M. Jolibois termine par une observation historique qui couronne son raisonnement : « Vers le onzième siècle, dit-il, nos souverains défendirent aux possesseurs de fiefs d'avoir des tours sur leurs châteaux et maisons fortes, droit qu'ils réservèrent aux seigneurs suzerains. Cette défense fut assez long-temps observée. Ceux qui construisirent alors des châteaux ou maisons seigneuriales, ne pouvant les surmonter de tours, établirent ces poypes dans le voisinage. »

Si l'on regarde au sud, on aperçoit les restes des remparts de Villars, ancienne résidence des sires de ce nom, alors grande ville de cette contrée, aujourd'hui l'un des centres du pays des étangs. — Ils ont encore pour législation spéciale *la coutume de Villars*.

En remontant vers le nord, vous pourriez voir, à travers les brumes, Sandran, le Châtelard et Marlieux, trois pays chéris des chasseurs. Il résulte du récent ouvrage de M. Valentin-Smith, dont nous résumons ici quelques notes, qu'en 1842 on a trouvé à Sandran des médailles des empereurs Vespasien et Titus, et une grande quantité de tuiles romaines. Une observation de M. Joffret, de Châtillon, fait connaître qu'une route romaine, passant par ce pays, se dirigeait vers la Saône. Sandran, au IXe siècle, était le chef-lieu d'un archiprêtré important.

Le Châtelard, dont le château n'est plus qu'un amas de ruines, était autrefois le siége d'une des douze châtellenies de Dombes. Il a soutenu plusieurs siéges et fut notamment attaqué en 1460 par le prince de Piémont avec 500 hommes, 500 chevaux et de l'artillerie ; la ville fut prise, mais le château résista vigoureusement et le siége fut levé.

La ruine du château fut consommée par le marquis de Treffort, gouverneur de Bresse pour S. A. de Savoie. Il s'empara de la ville, la saccagea et démentela le château, en 1595. Il commandait pendant la guerre que le duc de Savoie eut avec la France.

On a trouvé en 1849, au Châtelard, un grand nombre de pièces de monnaies papales, ainsi que diverses monnaies de France et d'Espagne, de 1595.

Une pierre, portant la date de 1441, existe au Châtelard; elle consacre le titre d'une aumône générale qui avait encore lieu à l'époque où l'historiographe Guichenon écrivait l'histoire de Dombes (1767). Cette aumône se faisait tous les ans et pour toutes sortes de pauvres; elle était de douze *asnées* de bled seigle, de six tonneaux de vin, de quatre cents livres de poisson et de six bichets de fèves, outre quatre bichets de froment pour la dépense de ceux qui en faisaient la distribution. Elle avait été fondée par Isabelle de Harcourt, dame de Thoire et de Villars, en son testament fait au château de Rossillon en Dauphiné, le 20 novembre 1441. Dans tous les baux-à-ferme du domaine de Dombes, les fermiers étaient chargés de faire faire cette aumône.

Marlieux est une localité voisine des précédentes; c'est là qu'il faut étudier les conséquences du régime agricole des étangs. Leur eau se propage dans le sol par imbibition et de niveau tout à l'entour; dans ces conditions, vous avez non-seulement une contrée parsemée d'étangs apparents, mais un vaste étang qui se propage et s'établit sous vos pieds par infiltration. Aussi grand nombre de végétaux qui semblent favorisés d'un terrain sec, sont-ils atteints par l'eau dans leurs racines, et plongés, par suite, dans une langueur, un dépérissement qui afflige le voyageur sans qu'il en puisse comprendre la cause. M. Delorme, dans sa *Topographie médicale de l'arrondissement de Trévoux*, explique qu'il résulte des terriers du Châtelard, que l'étang des Vavres, situé à Marlieux, occupe un espace où l'on comptait autrefois quarante-deux feux, c'est-à-dire deux cents dix habitants.

Marlieux était une ville ayant des priviléges au XIIIe siècle; Sandran, Bouligneux, les communes environnantes, fort tristes de nos jours, étaient si bien cultivés au Xe siècle, que *la vigne* même y croissait, comme l'atteste une donation du roi Conrad à l'abbaye de Cluny, du 23 avril 943.

Enfin, jettons un dernier regard du côté du sud-est : nous y voyons plusieurs petits clochers en bois, couronnant de faibles groupes de maisons. Au pied de l'église, brille toujours, pour le supplice des yeux, l'étang séculaire sur les bords duquel végète l'homme de ces contrées. Dans la direction même de Villars, au milieu des alternatives nébuleuses et brillantes de l'horizon, observons en passant le petit clocher de La Peyrouze. En 1820, il se passa dans ce lieu une scène bien digne d'être rapportée, pour graver dans notre souvenir le voyage à vol d'oiseau que nous faisons en ce moment, du haut de la plate-forme de Juis, à travers le pays des étangs.

Imp. J. Brunet fils, rue S. Catherine, 11, Lyon

MORT DU CURÉ DE LA PEYROUZE ET DE SA SOEUR (1820).

§ 7. — UNE HISTOIRE DU PAYS DES ÉTANGS.

La paroisse de La Peyrouze, avait, vers 1820, un desservant de l'âge de trente-deux ans environ. Sa constitution n'avait pu résister au climat et, dans la vigueur des années, il était déjà couvert de douleurs et perclus. C'est en vain que, comme on est parfois forcé de le faire dans la Dombes, il fumait et prenait de grandes précautions pour conjurer les émanations marécageuses du sol; ce poison miasmatique, qui modifie l'organisme humain, avait déjà flétri sa jeunesse, et il s'étiolait lentement à son souffle insalubre et meurtrier (1).

On était en hiver; M. Boity, curé de La Peyrouze, mandé souvent par des malades aux extrémités de sa paroisse, n'hésitait jamais à partir, malgré sa santé délabrée. Il revenait forcément par ces chemins défoncés que l'on appelle dans le pays des *charrières*, espèces de sentiers mobiles qui changent avec les saisons et dont la boue profonde et glissante est impossible à dépeindre.

Un bras en écharpe et comme paralysé, grelotant sous sa soutane usée que pénétrait le vent, c'était pitié de le voir le soir se hâter vers La Peyrouze, chassé par la nuit et la neige.

A son arrivée au moins l'attendait, sur le seuil, sa sœur, jeune personne qui, par dévouement, habitait cette triste contrée. Une

(1) Voir aux Notes, la 4me.

vieille femme domestique et elle étaient les seuls êtres qui plaignissent, en l'aimant, ce pauvre prêtre dont elles charmaient l'affreuse solitude.

Depuis quelques jours le dégel s'annonçait, et M. Boity avait ressenti un si grand surcroît d'affliction, qu'il avait dû se renfermer chez lui, et qu'il était étendu sur un lit sans pouvoir opérer un mouvement. On entrait en février ; le vent tamisait de précoces giboulées ; le temps était gris et, en plein jour, vous eussiez cru qu'il n'y avait pas un être vivant à La Peyrouze.

Après une pâle journée la nuit tomba tout-à-coup, et peu d'heures après, la lune se prit à courir avec une vélocité sans pareille à travers des montagnes, des vallées, des plaines de nuages noirs, lourds, froids ; la campagne, à l'entour était morne ; seulement, les bruits des vagues battant la chaussée des étangs, arrivaient mêlés et confondus de différents points de l'horizon. La lune projetait toujours sur les eaux ses rayons entrecoupés, éclairant les profondeurs de la nuit comme au théâtre ces torches d'incendie qu'on agite pour jeter sur un lointain inconnu de funestes et passagères lueurs.

Loin de se calmer, le vent du sud-ouêst éclate enfin en violentes raffales ; de son souffle âpre et humide il lèche les maisons de terre qui couronnent le monticule de La Peyrouze.

Peu de gens reposaient en paix dans le village, et tout le monde, dans ce moment. veillait à la cure. Le pauvre desservant, ce soir-là, avait senti un redoublement de souffrance et d'inquiétude ; le feu qui pétillait dans l'âtre, sous les bouffées du vent, inspirait une vague crainte d'incendie.

Cependant un petit chien, compagnon ordinaire des courses pastorales, dissipe un peu les esprits par ses gentillesses ; il est sur le lit du malade ; la vieille servante file le chanvre, et la sœur du pauvre prêtre s'occupe à lire, a haute voix, un livre pieux, à la clarté rougeâtre et inquiète de la lampe.

Cette scène, digne du pinceau de Rembrand, se prolongea fort avant dans la nuit, et Trim, le chien chéri, parut tout ce soir-là plus affectueux qu'à l'ordinaire. Il allait, il venait d'une extrémité du lit à l'autre, et chaque fois qu'il approchait des bras endoloris de son maître, il le flairait attentivement, puis se mettait à lécher les mains pâles du prêtre, qui par leur blancheur maladive, faisaient honte à ses draps rudes et roux.

Ce petit animal noir, à poils de soie tombant sur ses yeux, se mettait parfois en face de la jeune fille qui lisait, et dans la pénombre occasionnée par le chapiteau de la lampe, vous eussiez pu voir ce chien, affectant l'attitude des levrettes en marbre qui sont au pied des tombes royales de Saint-Denis, l'oreille au guet, les prunelles flamboyantes, lancer des rayons mystérieux et sympathiques à sa maîtresse, brûler pour ainsi dire de son regard le voile de ses propres yeux, les poils noirs et touffus de sa tête !

Un peu avant le jour, le vent, dont les sifflements s'étaient depuis longtemps changés en tourmente, tout-à-coup cessa ; et puis voilà qu'il se mit à tomber du plancher comme une petite poussière : c'était des paillettes de cette peinture grise, à la colle, plafond ordinaire du pauvre. Bientôt on crut entendre des bruits étranges, comme font de certains mollusques imprégnés de mucus quand ils grouillent : c'étaient les murs de pisé qui s'imbibaient lentement du vent tiède et pluvieux du sud-ouest. Quoique en hiver, la rougeur d'un éclair fit pâlir le foyer. Trim se prit à hurler entre ses dents d'une façon singulière et lamentable.

La jeune fille, frissonnant de froid et d'un inexplicable malaise, suspendait la lecture, lorsqu'en jetant les yeux sur sa table, appuyée alors entre la cheminée et le lit de son frère, elle vit à la muraille une petite fente qui se formait doucement, lentement, en serpentant comme un reptile qui aurait monté vers le toit, avec un bruit de déchirement humide.

Elle pose son livre et regarde stupéfaite ! mais la fente s'élargit, s'ouvre, s'entre-bâille, et la lueur blafarde de la lune, tout-à-coup se réflétant sur les étangs voisins, les éclaire et la saisit d'épouvante ! La vieille servante s'écrie, jette sa quenouille et court en appelant ; la jeune fille se lève, prompte, mais dominant son effroi ; elle porte un coup-d'œil rapide et suppliant vers la Vierge patronne de cette chambre, et, saisissant son frère par le milieu du corps, elle fait un effort inouï, désespéré, terrible, l'enlève et, chancelante, s'avance de la porte vers l'escalier. Hélas ! elle sent la muraille où elle se cramponne échapper à sa main crispée ; son pied ne mord plus sur le sol, les marches fuient devant elle..... Seigneur ! Seigneur ! s'écrie la malheureuse..... C'en était fait ! La crépitation redoublée des tuiles qui tombent de haut et se brisent, est suivie tout-à-coup d'un bruit lourd et mat ; la cure s'affaissant sur elle-même, dans une chûte terrible, engloutissait le frère, la sœur et le chien fidèle qui leur présageait un malheur et n'avait pas voulu fuir.

Sous le portail de la pauvre église on creusa une tombe ; le frère et la sœur y furent placée tous les deux, et une pierre tumulaire, dressée le long des parois du temple saint, a consacré par le verset 23 de l'hymne de David sur la mort de Saül et de Jonathas, l'amitié et le dévouement de ces deux frères, si dignes de pitié et d'un pieux souvenir.

. . . . . . Amabiles et decori in vita sua
In morte quoque non sunt divisi.

« . . . . . . Tous deux dignes d'être aimés, tous deux d'une vie honorable et pure, dans leur mort même, ils n'ont pas été divisés. »

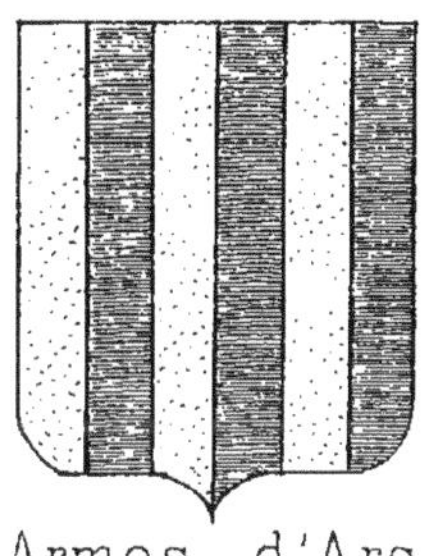

Armes d'Ars.

NOTES.

(1re NOTE, pag. 5.) *Remiages.* — Espèce de pèlerinages. Les remiages, en Dombes, sont des dévotions si extraordinaires qu'il faudrait un ouvrage plus volumineux que celui-ci, pour en raconter le but et en rechercher l'histoire et le nombre. Il y a des remiages dont le résultat doit être de ressusciter *un instant* les enfants morts à leur naissance, pour que l'on ait le temps de leur donner le baptême.

Il est malheureusement vrai que le paysan bressan, par suite de l'insalubrité de son sol, devient superstitieux ou fataliste.

(2me NOTE, pag. 10.) *De cette contrée à la silhouette étrange qu'un maître seul peut essayer de peindre.* — « Il y avait alors à la porte de la France et « sur le chemin de l'Italie, un pays encore primitif, et *qui a conservé jusqu'à* « *présent* la mélancolie infinie des lieux inhabités. Des forêts sans issues le « couvraient; au sein de ces forêts, des marais, de grands étangs où les arbres « baignaient leurs pieds et qui étaient entourés d'une ombre impénétrable, « scintillaient d'une lueur livide. De loin en loin, il sortait de leurs pesantes « eaux un sanglot, comme le bruit d'un homme qui se noie. Mais jamais ils « n'étaient visités par d'autres voyageurs que par des hérons, des sarcelles et « des bandes de canards sauvages qui, de temps en temps, s'abattaient avec « fracas sur ces rives plombées. Les exhalaisons de ces marais rendaient l'air « pesant et fiévreux. Le matin et le soir des feux-follets s'allumaient et cou- « raient au milieu des bruyères. Quelquefois la foudre brûlait une partie des « tourbières séchées et, comme on l'a vu dans ces derniers temps, l'incendie « souterrain durait jusqu'à ce qu'il eût atteint le bord des marécages. Rien « n'est encore, à cette heure, en France, plus grave, plus silencieux, et rien « ne saisit d'une plus morne tristesse que tout cet horizon. Au commencement « du printemps cette nature désolée fait un effort pour sourire; mille plantes « des eaux fleurissent. C'est le temps où les nénuphars éclosent comme de « petits cygnes qui secouent leur duvet sur le marais. Ce pays a alors un grand « charme. L'air, qui était humide et pesant, se charge inopinément de volupté « et de langueur : c'est comme le soupir de *la Pia* du Dante, dans sa *Tour* « *des Maremmes.* Les vieux donjons, embourbés dans la vase, peuplent leurs « salles désertes de rossignols, de mésanges, de pinsons de montagne; mais ce « charme dure à peine quelques semaines. Le vent du midi souffle un jour sur « cette joie éphémère, et la plaine, la forêt, le marais, le donjon, tout re- « tombe dans sa tristesse et son silence accoutumés. » (Ed. QUINET.)

(NOTE 2 *bis*, p. 10.)

La Dombes.

J'aime la Dombes solitaire,
Où semblent pleurer les bouleaux,
Étrange contrée où la terre
Tient moins de place que les eaux.

J'aime ce morne paysage
De lagunes, d'îlots flottants,
Et ces châteaux du Moyen-Age.
Qui se mirent dans les étangs.

J'aime cette plage stérile,
Ce silence de l'horizon,
Ces chemins creusés dans l'argile,
Avec la flouve pour gazon.

Cette maladive nature
Où tout est pâle et languissant,
Où l'homme impropre à la culture,
En plein midi, dort en marchant.

Cette terre à l'humide haleine,
Où, durant le jour tu n'entends
Que la brise qui se promène
Sur l'eau dormante des étangs.

Où quelque arbrisseau misérable
A peine indique les chemins,
Où rien ne semble né viable,
Ni les plantes, ni les humains.

J'aime la pose nonchalante
Et les longs cheveux du Bressan,
Sa parole débile et lente,
Et son mélancolique accent.

J'aime ces vieux lais qu'il fredonne
En s'éloignant de son réduit,
En guidant le pas monotone
De ses bœufs maigres comme lui.

(Joseph BARD.)

(NOTE 2 *ter*, p. 10.) — Nous regrettons que les bornes naturelles de cet écrit nous interdisent de rapporter ici les beaux vers de M. Gabriel de Moyria; nous invitons le lecteur que ce sujet intéresse à lire surtout la pièce de poésie qui commence ainsi :

Qu'il est sombre et glacé le climat de la Dombe !
En nuages flottants, sous un ciel qui se plombe,
Une épaisse vapeur et la nuit et le jour,
Couvre, immense océan, cet humide séjour. . . . etc.

(*Esquisses poétiques du département de l'Ain.* — LE SIRE DE THOUARS.)

(3me NOTE, p. 14.) — Nous devons expliquer ici que toutes les notes qui, dans le corps de cet opuscule, porteront, à la suite du nom de l'auteur cité, les initiales V. S., sont des extraits d'un récent travail de M. Valentin-Smith. Ce travail n'était pas destiné, il paraît, à une publication immédiate; mais, comme l'indique une note émanée du bureau du comité d'amélioration agricole et sanitaire de la Dombes et de la Bresse insalubres, les membres de ce bureau connaissant les études approfondies qui ont été faites par M. Valentin-Smith, conseiller à la Cour d'appel de Lyon, sur la Dombes, où il est propriétaire, se sont rendus auprès de lui pour le prier de livrer à la publicité son travail sur les effets de l'insalubrité dans le pays des étangs. Le comité ayant vaincu, au nom des graves intérêts qu'il s'agit pour lui de soutenir, les hésitations de M. Smith, il a paru, chez L. Perrin, à Lyon, une brochure sous ce titre : *Notions statistiques sur la population, le recrutement et la vie moyenne dans la Dombes et la Bresse insalubres.* Nous avons été heureux d'en extraire les notes ou les citations qui portent les initiales V.-S. Il est impossible d'avoir des idées justes sur le pays dont nous sommes forcés de parler dans notre opuscule, si l'on ne connaît cet excellent mémoire.

(4me NOTE, p. 77.) — *La Peyrouze est un village renfermé dans un triangle qui a à chacune de ses extrémités: Trévoux, Châtillon et Chalamont.* — Dans le canton de Chalamont, qui, sur onze communes en a huit comprises parmi les trente-sept à étangs, il y a eu, de 1837 à 1847, cent cinquante-neuf jeunes gens appelés au recrutement et cent soixante-un réformés, c'est-à-dire 101,25 pour cent. — En général, dans le pays d'étangs, sur deux hommes de vingt ans, il y en a un rejeté comme infirme.

La vie moyenne en France est à peu près de trente-cinq ans; eh bien! dans la ville de Chalamont, de 1806 à 1810, la vie moyenne, établie par la somme totale des âges des personnes décédées a été de vingt-un ans, — et de 1841 à 1847, elle a été de vingt-deux ans.

Pour toutes les communes réunies du canton de Châtillon, la vie moyenne, de 1837 à 1847, a été de vingt-quatre ans cinq mois onze jours; — mais pour cinq communes qui ont la plus grande quantité d'étangs, dans le canton de Châtillon, la vie moyenne, de 1842 à 1847, a été de dix-huit ans cinq mois quinze jours. — (M. VALENTIN-SMITH, *Notions statistiques*, p. 21 et autres.)

NOTA. *La Providence d'Ars.* — Nous nous sommes montrés, à l'endroit de la PROVIDENCE D'ARS, d'une grande discrétion; c'est qu'en effet le caractère de cette institution encore dans l'enfance ne nous a pas semblé irrévocablement fixé; d'une autre part, les annales chrétiennes sont (qu'on me passe l'expression), comme un arsenal incommensurable où l'on trouve, à toutes les dates, des armes pieuses illustrées dans les combats contre les misères de l'humanité. Aussi l'institut projeté à Ars se montre-t-il comme une émanation de l'idée qu'en 1643 voulut réaliser madame de Pollalion, cette pieuse femme formée par saint Vincent de Paule; cependant la Providence d'Ars ne nous a pas paru être la même chose que l'*Asile des Filles de la Providence*; c'est pourquoi nous l'avons signalée et nous la saluons comme un fait religieux important et tout nouveau.

Lyon. — Imprimerie de J. BRUNET FILS, rue Sainte-Catherine, 11.

www.ingramcontent.com/pod-product-compliance
Ingram Content Group UK Ltd.
Pitfield, Milton Keynes, MK11 3LW, UK
UKHW012050240726
13965UKWH00003B/1187

9 782013 073004